ぼくの平成パンツ・ソックス・シューズ・ソングブック

松永良平

晶文社

装幀　平野甲賀＋古本美加
装画　坂本慎太郎
写真　廣田達也
編集　林さやか（編集室屋上）

ぼくの平成パンツ・ソックス・シューズ・ソングブック　目次

第1章

第2章

第3章

第4章

第1章

平成元（1989）年　少年ヘルプレス

クロスビー・スティルス・ナッシュ＆ヤング「ヘルプレス」

　1989年1月7日の明け方、福岡に住んでいた兄の部屋で目が覚めた。なんとはなしにテレビを点け、過去に経験したことのない深刻さのある画面を見た。天皇が崩御されるかもしれないとニュースは伝えていた。

　困ったな。今日、東京に戻ることになってるのに。

　当時、ぼくは大学2年生で、翌日はディスクユニオンのお茶の水3号店にバイトで入る予定になっていた。

　ほどなくして、画面はさらに硬直し、ひとつの時代が終わったことを伝えた。昭和64年は6日と6時間半しかなかった。ぼくには悲しみやらを感じる筋合いもないけれど、ぼんやりとした気分で新幹線に乗り込んだ。翌日、ユニオンは営業したんだっけ？　よく覚えてない。

　大学では『マイルストーン』というミニコミのサークルに入っていた。4月1日に、おかっぱ頭でメガネをかけた新入生が入ってきて、「おまえが〝寝顔化石〟か」というようなことを関西訛りで聞かれた。ぼくが1年生のときに書いた文章のペンネームがそれだった。先輩から（飲み会で酔いつぶれた）ぼくの寝顔が微動だにしない化石のようだと言われたことがそのペンネームの由来だった。そのころは名前なんてどうだってよかったし、文章を書いて生活する未来があるとも真剣には考えていなかった。

「寝顔化石」のことを知っていた後輩は、黒木彰一と名乗った。新入生なので学年はふたつ下だが、一浪なので年はひとつ違い。最初の受験の年、京都から大学へ下見に来て、そのとき売っていた『マイルストーン』（寝顔化石の原稿が掲載されていた号）を買ったのだという。

不思議なことに、会ったばかりの4月1日のうちに、ぼくと黒木は何年も前から知っているように話をした。ローザ・ルクセンブルグのどんとがはじめたBO GUMBOSを知ってるかとか、エレファントカシマシはすばらしいとか。黒木はそのままサークルに入り、翌日も翌々日も会い、1週間もすると「松永さん、このサークルつまんないから、ふたりでなんか作りましょうよ」と言い出した。そのころ彼はまだぼくに対して敬語だったけど、さらに数日後には「まっちゃん」と呼ばれるようになり、やがてお互いにタメ口になる。

そして、4月の半ばには、ふたりで手書きコピーの雑誌を1日で作ることになる。

雑誌名は『少年ヘルプレス』。本文8ページで表紙はカラー紙。1冊10円で、学内のあちこちで売った。スピードが大事ということで、翌日には2号、三日後には3号を出した。やがて、もうひとりサークルから2年生が書き手に加わり、編集部は3人になった。「3年生にもなってなにをやってるんだか」と笑ってくれる人もいたが、同級生は後輩たちと急にへんなことをしだしたぼくを冷ややかに見ていたんじゃないかと思う。前年、次期編集長選びで落選したぼくが、そのはけ口に後輩と遊んでいると思っていた人もいただろう。

だけど、じっさいはそんな不満はあんまり関係なかった。黒木がぼくを強い言葉でけしかけたという部分も大きいが、なによりもこの組み合わせならなんかおもしろいことができそうな気がしたのだ。出会ってまだ2週間も経ってないのにミニコミをはじめたのも笑えるけど、誌名の候補が「ヘルプレス」という言葉で一致したのは不思議だった。ぼくが「ニール・ヤングのどこがいいのかわからないよ」と以前に同級生に言われたことがある、って話を黒木にしたことがきっかけだったかもしれない。それとも、そのころ初めて見た映画『いちご白書』で「ヘルプレス」が流れる美しいシーンからの影響もあったかも。

でも、周りの人にはこの気分はわからないよね。1989年はバブル真っ最中で、助けを求めて絶望するなんて歌のことを考えてる人はあんまりいなかった。

『少年ヘルプレス』は1ヶ月半続き、7号まで出た。4人目のメンバーが入りそうになったころ、急におもしろさが失われた気分になり、8号は作られなかった。しかし、その後も黒木との遊びは続いた。

5月にはぼくと黒木、さらに友人ふたり（ぼくの同級生と後輩）をそそのかし、車で2週間ほど九州のぼくの実家まで向かう旅に出た。ぼくと黒木は免許を持っていなかったので、ふたりの友人が必要だった。

京都や神戸の街やレコード店のおもしろさを知ったのは、その旅がきっかけだった。神戸からはフェリーで大分まで。とりあえずぼくの実家に着けばなんとかなるだろうということ以外は、すべて行き当たりばったりだった。

実家に着いた夜、ぼくらは父と八代市内に出かけ、食べきれないほどの焼肉、ジャズバー、おねえちゃんのいる店と、最上級の接待を受けた。父は本当にうれしかったんだろう。

その後、車はフェリーで長崎へ。長崎駅から、ぼくは1本の電話をかけた。関係があやうくなっていた彼女にかけたのだ。長崎にいると伝えると、「なにやってるの」と彼女は笑ってくれた。どうやらこれは、なんだか許されているらしい。

復縁を確信したぼくはめちゃめちゃ上機嫌になり、すでに酔っ払っていたふたりと黒木（彼は下戸）と一緒に歩道橋づたいに長崎駅の駅舎の屋根に乗った。三角形の屋根は「サザエさん」のエンディングに出てくる家のようで、てっぺんからは長崎湾のすばらしい夜景が見えた。

酔いと興奮も手伝って、「ふぅ！」とジャンプしてみた。とても気持ちいい。つられてみんなもジャンプした。ふぅ、ふぅ、ふぅ！　そして爆笑。

だが、次の瞬間、窓がガラッと開き、「こら！」と激怒する声が聞こえた。宿直の駅員さんに見つかったのだ。そのまま駅前交番に連行されたぼくたちはこってりと絞られたが、酔った学生の他愛もない狼藉ということで放免され、そのまま歩道橋の上で野宿した。

翌朝、黒木がいなくなっていた。ふと思いついて沖縄まで飛行機で行くことにしたという書き置きがあった。通勤するサラリーマンたちを見送りながらあらためて目にした長崎駅の屋根は、信じられないくらい鋭角で、よくぞ死なずに済んだと思えるほどだった。

10月には「ローリング・ストーンズのシェイ・スタジアム公演を見に行く」という理由で、黒木とふたりでニューヨークに行った。生まれて初めての海外旅行。行き先が当時はまだ危険と言われていたニューヨークだったこともあり、仕事で上京した父から「会おう」と連絡があり、出発する前に一緒に酒を飲んだ。父とサシで飲むこと自体が、そのとき初めてだったと思う。

その旅の終盤、換金したばかりのトラベラーズ・チェック（5百ドルほど）をホテルで盗難される羽目になり、慣れない英語でフロントに事情を訴えたり、警官の質問に答えたり、疲れ果て、落ち込んだぼくはホテルで1日中ふさぎこんでいた。そのとき、誰かがドアをノックした。近所のチャイニーズでテイクアウトした晩飯を手にした黒木が立っていた。彼の慰めでなんとか元気を取り戻すと、街に出た。この旅のために作ったばかりのクレジットカードでキャッシングができることを発見したぼくらは、ドル札をめいっぱい引き出しまくった。表示されるメッセージ「GET CASH!」は、ふたりの流行語になった。そのせいで帰国後に大借金を背負うとも知らずに。

数日後、ひと足先に黒木は帰国した。ぼくはひとりでマンハッタンのハロウィン・パレードを見た。ルー・リードが出たばかりのニュー・アルバム『ニュー・ヨーク』で「ハロウィン・パレード」という曲を歌っていた。友人がＨＩＶで亡くなったので、今年はハロウィン・パレードをひとりで見るのだという曲だった。

フリーマーケットで買ったトランクいっぱいに詰めたレコードとともに、へとへとになってアパートに着いた直後、廊下にあった共用電話のベルが鳴った。電話の主はクレジットカード会社で、アメリカでキャッシングした数十万円は限度額を超えているので週明けまでに払い込むように、との連絡だった。部屋に戻って、頭を抱えた。

その後今度は自分から1本の電話をかけた。彼女の番号。しばらく呼び出し音がつづき、やがて彼女が出た。好きな人ができたのでお別れしたい、という内容のことを彼女は淡々と語った。部屋に戻って、畳の上に寝転がった。

旅の思い出も消し飛び、疲れ果て、気力ゼロ。今日は誰もドアをノックする人はいない。あとでわかったことだが、おなじころ、先に帰国した黒木は、他校の学祭のライヴを見ていたとき、我が物顔をしてはしゃいでいた体育会系の野郎どもを注意したら逆上され、数人がかりでボコボコにされているところだった。

1989年、ぼくらは少年ヘルプレスを地で生きていた。

平成2(1990)年　お金をかけずにレコードを聴くには

マダムギター長見順「サラリーマンのうた」

1989年の暮れ、ぼくは彼女とよりを戻した。半同棲状態になり、春には彼女が暮らす阿佐ヶ谷に近い高円寺へ引っ越した。それはおめでたいことだったが、サークルの出店には同学年の編集長と気まずくなって以来あまり行かなくなった。

そのかわり、この時期はディスクユニオンでフルタイムで働いていた。仕事は中古レコードの査定。ぼくの前に長くバイトしていた先輩スタッフがいたのだが、そのひとが新宿に新規開店する大きな外資系ショップに転職したこともあり、ぼくが中古フロアの事実上の買取メイン担当となっていた。

ユニオンでのバイトも3年目に入り、レコードにさわるのも聴くのも好きだった。そもそも「どうしたらお金をかけずにたくさんレコードを聴けるのか?」という命題に対する最大の答えが、レコード屋で働くことだった。お金がかからないだけじゃない。お金(給料)をくれるのだ。なんとなく「これは一生の仕事かもしれない」と感じはじめた時期だった。

当時、バイトが終わるとよく飲みに連れて行ってくれていた先輩がいた。先輩と行ったのは、まだ再開発前の新宿駅南口にあった台北飯店、阿佐ヶ谷のブルースバー、ギャングスターの2軒が多かった。

年が明けた春、その先輩、ジャズ・フロア担当の社員さん、店長さんなどと連れ立って台北飯店で飲んだことがあった。その社員さんも店長さんも酒癖がわるく、店長は酔ってカバンや私物をなくすことで有名だった。

この日もかなりのピッチでみんな飲んでいたのだが、話の流れで「このまま大学を辞めてユニオンに就職するのもいいと思う。もっと音楽を知って、いつかはライターになりたい気持ちもある」とぼくが口にしたら、烈火のごとく集中攻撃を浴びる羽目になった。「おまえはこのなかで唯一（大企業に就職して）芸者をあげるチャンスがあるんだぞ！」とちゃかすような意見もあったが、なかでも、ある先輩社員の剣幕はすごいものがあった。「おまえはぜったいにおれに勝てない！」と一方的に罵倒され、耐えきれなくなったぼくは外に出て、酔っていたせいもあって裏手の階段でひとりさめざめと泣いた。

そのうち飲み会はおひらきになった。店長がぼくのところに近寄ってきて「いいか、ぜったいに大学は卒業しろ。ぜったいに役に立つから」と小声で言った。そのときの店長はよっぱらいの顔はしていなかった。

ぼくを罵倒した先輩とはそのあともしばらくぎこちなく接していたが、そのうち別の店舗への異動が決まった。のちにその人はユニオンを退社して物書きとして自立し、著書も出している。たぶん、あのときのぼくの甘すぎる了見がどうしても許せなかったんだろう。いつかお礼を言いたい。

夏がくる前には、仲の良かった先輩がお店を辞めて実家のある北海道に帰ることになった。別れ際に先輩にも「大学は卒業しろ。そして芸者をあげるときはおれを呼べ」と言われた。それからすこしして、ぼくはユニオンを辞めた。

その年の秋、引っ越し先だった高円寺でよく通っていた喫茶店に「アルバイト募集」の貼り紙が出ていた。飲食店で働いた経験は皆無だったけど、その店の雰囲気も、流れている音楽も好きだったので、思い切って申し込んだ。

面接に指定された日、朝から都内は台風の影響による暴風雨で、ずぶ濡れになりながら店を訪ねた。2、3日して電話があり、結果は「採用」だった。

あとになって、あの日、本当は女性の面接もほかにふたり予定されていたのに、暴風雨のなか店まで来たのがぼくひとりだったと聞いた。

そして、ぼくは珈琲亭七つ森で働くことになる。

北海道に帰った先輩とは、その後のやりとりはない。東京に戻ってきてまた別の仕事をしていたといううわさを聞いた気もするけど、記憶違いかもしれない。先輩とよく通った阿佐ヶ谷のギャングスターにも、ひとりでは行かなかった（そのうちマスターが店を知人に譲られて、別の名義になったと聞いた）。

そのギャングスターで「たつまきのジュン」っていうすごいギターを弾く女の子がときどきライヴしていると先輩から聞いていた。そんなにすごいのならいつか目撃してみたいものだと思っていたが、当時それはかなわなかった。

しかし、十数年後、ぼくは「たつまきのジュン」と別のかたちで出会うことになる。マダムギター長見順という名でシンガー・ソングライターになった彼女と。

名曲「サラリーマンのうた」で、彼女は「サラリーマンに　なったのね」と歌いかける。その曲を聴くと、ぜったいにサラリーマンにはならないと青臭い頭で考えていたころの自分を、いまでも思い出す。

平成3（1991）年　ヒッピーとか、ホッピーとか

ピチカート・ファイヴ「大人になりましょう」

大学3年の取得単位はゼロ。4年になってすこし心を入れかえ、いくつか試験は受けた。結果は8単位。そして、自動的に6年まで留年することが決定した（5年生になることは、去年の段階で織り込み済み）。

そんな事情など知らない就職情報会社を経由して、高円寺のアパートには89年の暮れあたりから、毎日のように就職関係のDMがどっさり届いていた。届いた資料は即ゴミ袋に放り込み、毎週ゴミ袋いっぱい捨てていたと思う。ぼくがバブル景気の狂騒を地肌で感じることができたのは、せいぜいアパートの郵便受けを通じてくらいだった。

この春、父親が緊急で上京した。理由は、ぼくの二度目の留年（つまり6年生）が決まったこと。ご丁寧にも大学から実家に通知が行くらしい。去年（1990年）は、両親が銀婚式を祝う相談をしていた矢先にぼくの最初の留年通知が届いた。その引け目もあって、しばらく帰省もしないし、父とも会わないという日々が続いていた。

しかし、二度目ともなると堪忍袋の緒が切れるのも仕方ない。ぼくの2歳下の弟も一緒

に中野に呼び出された。弟は卒業したら実家を継ぐことが既定路線になっていたが、彼には彼なりの東京に対する夢があり、すこしでも東京に長くいたいという主張をつねづねしていたのだった。

父とは、中野に住んでいた弟のアパートで昼間に待ち合わせした。現れた父は意外にも落ち着いた物腰で、「メシでも食いに行こう」ということになり、弟の案内で中野ブロードウェイにほど近いトンカツ屋に入った。2階の個室にしてもらい、父の向かいにボンクラ息子ふたりが座った。会話すらほとんどない。注文を受けた店員さんがドアを閉めて階下に向かうと、父はちょうど持っていた新聞を固く丸めて、ぼくと弟の頭をそれぞれパコーンと痛打した。目に見えない炎がメラメラっと父の眉間から立ち上った気がした。そしてまた沈黙。

もともとぼくら子どもたちの前では口数のすくない父だった。この日も多くを語ることはなかったが、さすがに沈黙が重かった。やがて、その静寂を破るようにランチのトンカツセットが運ばれてきた。しかし、その後はまたしばし沈黙。父が箸をつけるのを見て、ようやくぼくらも動き出す、といった具合。

やがて皿の上のトンカツもすくなくなってきたころ、ようやく父が口をひらいた。

「おまえはヒッピーとかホッピーとかになるつもりか」

不意を突かれて、口に含んでいた白米を噴き出しそうになったが、なんとかこらえて飲み込み、「そんなものにはならん」と返事した。「じゃあ、なんになりたいのか？」と父は続けて聞きたかったのかもしれない。ぼくも心のなかで「おれはなんになりたいのか」を自問した。

だが、再び沈黙した父から出た言葉は「ふたりとも、大学は卒業しろ」だけだった。いちばん困る問いに対する答えをまぬがれて、ぼくは安堵した。どのみち、あのときのぼくに、なにか確かなことが答えられるはずもなかっただろうけど。

ランチを終えると、父はあわただしくお得意さんへのあいさつに出かけていった。ぼくは弟と顔を見合わせて、安堵のような、ため息のような、声にならない声を出した。その時点ですでに卒業するには7年はかかるだろうと、ぼくにはわかっていたのだ。

「来年、もうひとヤマあるな」と弟に言うと、「おれもよ」と答えた。弟は弟で、東京にとどまるためにわざと留年するという作戦を本気で考えていた。親の心子知らず。

七つ森でのバイトは昼夜二交代制で、ふたりずつ入るシフトになっていた。お客から受けた注文の料理と仕込み全般を担当する「ナカ番」、ウェイターとコーヒーを淹れること、そして店内BGMを担当する「ソト番」でふたりのコンビ。服装は私服でかまわないが、お店で代々使われてきた古い酒屋さんなどの前掛けを締めることがユニフォームになっていた。

ユニオンに比べると七つ森の時給は涙が出るほど安かったが、賄いもあったし、その日に余ったスパ麵などの食材はある程度持ち帰ってもよかったから、食費の面ではおおいに助かっていた。

料理の経験がほとんどないぼくは当然、ソト番の担当になるのだと思っていたが、初日の昼シフトでいちばん年長のバイトさんに、この店では全員ナカ番もソト番もやるのだと伝えられた。料理や仕込みがわからなければ、このレシピノートを見よと、油と煙ですっかり茶ばんだノートを手渡された。カレーのルーやミートソース、トマトソース、各種パウンドケーキ、チーズケーキ、ジャンボプリンなどのレシピが細かく書き込まれていた。

とりあえず、キャベツの千切りからはじめてみる。冷や汗をかきながら、まるで定規で線を引くように慎重に包丁をすべらす。そんなぼくを、その人は細かく注意したり憤慨したりもせず、にこやかに見ていてくれたし、間違っていたら手助けもしてくれた。そんな教育のおかげもあって、ひと月も経つころには、ぼくにもあらかた料理らしきものができるようになっていった。

この店ではナカ番もソト番もできなくちゃいけないという建前はあったけれど、人には向き不向きもあり、自然とそれぞれに専任の持ち場ができていることもわかってきた。シフトを見て、この日はこの人と組むと書いてあったら、ぼくは自動的にソト番になる。そうするとお店でかけるレコードが選べる。当時お店には浅川マキがずらりと揃っていたり

（先輩バイトの趣味だった）、ドアーズやヴェルヴェット・アンダーグラウンドなどロックの名盤があった。お店の雰囲気に慣れてきたぼくも家からレコードを持ち込むようになった。

ある日、大好きなシュガー・ベイブの『SONGS』をかけたら、ふたり連れのお客さんが「なつかしい！　これって『ひょうきん族』の歌だよね？」と笑って話しているのが聞こえた。信じられないかもしれないけど、1991年の高円寺ではまだ、シュガー・ベイブにはすこしアウェーな気分があった。


ある日の昼番で、七つ森のレコードのなかに、すこし前から気になっていたアーティストを見つけた。夕暮れのアメリカの街をバックにサックスを抱えた男の写真が横長でレイアウトされていた。ジョナサン・リッチマン&ザ・モダン・ラヴァーズの『モダン・ラヴァーズ88』というアルバムだった。

針を落とすとスカスカでへたっぴな感じだけど、率直でグルーヴィーなロックンロールが流れてきた。アルバムの1曲目「ダンシン・レイト・アット・ナイト」を聴き終える前には、「今日、バイトが終わったら駅前のレア（中古レコードのチェーン店で中央線沿線に展開している）でこの人のレコードをあるだけ買おう」と決めていた。その日がぼくとジョナサンの出会いで、28年前のことだった。

おなじころ、かつて『少年ヘルプレス』を一緒にやっていた黒木の家に遊びに行った。

入学してから何年か大学のそばに下宿していた彼は、西荻窪の南にすこし歩いた松庵にあたらしくアパートを借りていた。

「まっちゃん、こいつすごいぜ」と聴かせてくれたのが、偶然にもジョナサン・リッチマン&ザ・モダン・ラヴァーズのライノ・レコードから出ていたベスト盤CDだった。「ガヴァメント・センター」という曲が特にすごいんだと何回も彼はリピートする。

ぼくと黒木との「どっちがジョナサン先だったか」問題は、その後もたまーに浮上してささいな論争になることもあったが、いまとなってはどちらでもいい。七つ森でコーヒーを淹れながら『モダン・ラヴァーズ88』に「なんだこれ!」としびれたのも、「ガヴァメント・センター」で「こいつ最高だな!」と、ふたりして立ち上がりそうになるほど興奮したのも本当だった。

松庵で聴かされたCDは、ほかにもあった。ピチカート・ファイヴのミニ・アルバム『最新型のピチカート・ファイヴ』、それに先駆けて90年に発売されていた『月面軟着陸』。「いままでなめてたけど、こいつらすごい」と黒木は言った。ピチカート・ファイヴといえば、ユニオンで働いていた時期に、ほとんど売れなかった『ベリッシマ』の新品LPを返品する作業をした記憶があった。あの人たち、いまはこんななのか!

そのころ、ぼくにも「それまでなめてた」バンドがあった。それがフリッパーズ・ギター。彼らの最新作『ヘッド博士の世界塔』では、ただならないことが起きているということでぼくと黒木の見解は一致した。スチャダラパーの『タワーリング・ナンセンス』も松庵で初めて聴いた記憶がある。

そのころどこまで自覚的だったかはわからないけど、ぼくらが『少年ヘルプレス』以来、自分たちでも求めていた「編集」という感覚の最新型のモデルが、その音楽にはあったのだ。あれとこれとをむぎゅっとつかんで交差させたり飛び火させたりサンプリングしたりする勝手でかっこいいおもしろさが欲しかった。縦（古株こそ偉い）じゃなくて、横（なんでも等列）の時代がくると感じさせてくれる。あの年、ぼくらの前に浮上した音楽は、どれもそういうものだった。

サークルに入ったころ、一部の先輩たちが言葉で後輩をねじ伏せにかかるのが本当にいやだった。すべてを知り尽くしたような顔で行われる議論のための議論。いま考えれば、彼らはぼくより2歳くらい上なだけで、せいぜい20歳そこそこだったのにね。あのころ、あいつらすごく老けてたよ。

大学生活の先行きはまったくあやうかったし、就職資料はすべて捨ててたし、お金もなかった。だけど、この年、ジョナサン・リッチマンとピチカート・ファイヴが照らした未来があった。松庵のアパートでは、黒木のCDラジカセから『最新型のピチカート・ファイヴ』の「大人になりましょう」が繰り返し流れていた。

平成4（1992）年　まっちゃん、またなにかやろうよ

クリス・モンテス「ゼア・ウィル・ネヴァー・ビー・アナザー・ユー」

1992年はかなり宙ぶらりんな年だった。七つ森でのバイトは順調。大学の試験の結果も去年よりはマシだった。取得単位は目標の半分にも達せず、7年生までの留年が決まってしまったが、卒業することに対しては前向きな気持ちになりつつあった。当時つきあっていた彼女は、そんなぼくのふんぎりのわるい学生生活を横目に、去年さっさと退学をしていたけどね。

当時、彼女がしていたいくつかのバイト先のひとつが、中野にあったクラシックという名曲喫茶だった。北口アーケードからサンプラザに折れる路地のひとつにあった、いまにも崩れ落ちそうな廃墟のごとき喫茶店を覚えている人も多いと思う。その店で今日こんなことがあったとか、こんな客が来たとかいう話を聞くのが好きだったし、ひまだったのでぼく自身もよく出かけた。のちにその店内で打ち合わせをした若者たちがSAKEROCKというバンドを結成するのだが、それはまだまだずっとずっと先の話。

この時期、彼女がハマっていたのは歌舞伎、そして浅川マキ。彼女についていくうちに

ぼくも歌舞伎が好きになり(たいていは一幕見席)、おかげで六代目歌右衛門や七代目梅幸、十三代目仁左衛門などの舞台に間に合ったし、当時上り調子だった勘九郎(のちの勘三郎)や八十助(のちの三津五郎)を見ておくことができた。

浅川マキは七つ森の先輩もよく聴いていたし、彼女の家に行ってもしょっちゅう流れていたものだから、すっかりほとんどのアルバムを聴き覚えてしまった。池袋の文芸座とか、ライヴも何度か行った。昔もいまもぼくがいちばん好きなアルバムは『ブルー・スピリット・ブルース』。

同級生のほとんどが卒業就職したこともあって、自分の将来についてぼんやりと考えるときもあった。喫茶店でのバイトとはいえ、自分がBGMを担当できるソト番の日は前日から選曲や選盤(忙しいんだからCDにすればいいという発想が、当時この店にはなかった)を念入りに考えた。

給料は安かったけど、レコードも買っていた(売りにも行った)。やっぱり音楽が好きだし、音楽にかかわる仕事をしたい。そう思わないでもなかったが、またレコード屋で働く気持ちにはあんまりなれずにいた。珈琲を淹れながら好きなレコードを聴いて、バイト仲間とバカ話をしていることで、とりあえず毎日は楽しくいられた。

古い音楽もよく聴いていたけど、新しい音楽からの刺激も続いていた。この時期、よく聴いていたのはマシュー・スウィート『ガールフレンド』、ダイナソーJr.『グリーン・マインド』、レモンヘッズ『イッツ・ア・シェイム・アバウト・レイ』、ヨ・ラ・テンゴ『フェイクブック』『メイ・アイ・シング・ウィズ・ミー』など。あ、それから前の年に知ったジョナサン・リッチマンのレコードも見かけるたびに買い揃えていった。

黒木の部屋で聴いたピチカート・ファイヴや、『ヘッド博士の世界塔』をきっかけにフリッパーズ・ギターという同世代のすごい才能を知って（彼らはあっさり解散してしまったが）、のちにいう「渋谷系」への扉がひらいてたはずなのに、なぜかグランジ／オルタナ（いまでいうUSインディー）に傾倒していたのはなぜだろう？

まだ当時のぼくには、いきなりしゃれたスタイリッシュなサウンドに向かうことにいささか抵抗があり、ノイジーさのなかに思いがけないポップさやひそかに洗練されたコード展開を持つバンドの音になら素直になれた。それはある意味、ポップさへの迂回路みたいなものだったし、そういうインディー・バンドのレコードなら七つ森の雰囲気のなかでもかけられた（ピクシーズは、ぼくが入る前から七つ森クラシックだったと記憶している）。日本ではTheピーズの『クズんなってGO』も、おなじ感覚の耳で聴いていた。

そんな日々を過ごしながらも、なんとなく「なにか書きたい、作りたい」という気持ちをぼくは持ち続けていた。このころ思いつきまかせに手書きのミニコミを何号か作っている。

『週刊三角』というタイトルで、オール手書き、二等辺三角形（正方形を斜めに折ったかたち）で8ページ＋表紙。週イチで作っていたわけではなかったのに「週刊」を名乗ったのは『少年ヘルプレス』からの流れで、漫画雑誌っぽいタイトルにしたかったからかも。好きな音楽や漫画、映画の話をちまちまと書いて、大学の近くにあったコピー屋で印刷し、自分で折り、綴じ、七つ森や大学に行ったときによく寄っていたジェリージェフという近くのロック喫茶に置いてもらった。1号につき30部くらいで、6号くらいまでは出した記憶がある。

同級生は大企業に就職して社会人として働きはじめたというのに、部屋で好きなレコードを聴いては、「あ、これ書けそう」と思いついたらファミレスでちまちまと方眼紙にミリペンで原稿を書いていた自分のことを「これでいいのか？」と疑わないでもなかった。

そんなに書きたいことがあるんなら、どこかに投稿するとか、しかるべき人に読んでもらうとか、たぶんほかにもいろいろ方法はあった。もっとあせってたってよかった。だけど、そこまでのことはまだしたくなかったし、いまはぶらぶらしていればよかった。もっともっと目的もなくいろんなものに翻弄されていたかった。

1992年にいちばん聴いた曲は、マシュー・スウィート『ガールフレンド』にボーナストラックとして入っていた「ティーンエイジ・フィメール」だった。デモ・トラックで、正式にレコーディングはされていない。ロックスターに憧れる、さえない女の子の心情を女の子の言葉で完璧に歌った曲。

でも、もう1曲あげるとしたら、クリス・モンテスの「ゼア・ウィル・ネヴァー・ビー・アナザー・ユー」。

このころ、ジェリージェフでお茶していたら、知らないおじさん客に、ぼくが『週刊三角』に書いていたクリス・モンテスについての原稿を褒められた。それは、ぼくが書いた音楽についての文章が、ぜんぜん知らない人に評価された初めての体験だった。

「え？　そんなことあるんだ」と驚いて、照れ臭くて、ろくに会話もせずに早々に店を出てしまった。その人はただのお客さんで、そのとき限り会ってない。だけど、ぼくにとっては恩人のひとり。この体験のあと、自分が書いた文章で誰かの心が動くことがあるということについて、もっとまじめに考えるようになったから。

思い出してみたら、言い方こそもっとぞんざいなものだったけど、89年の春にぼくのことを「おまえが寝顔化石か？」と指摘した『少年ヘルプレス』の黒木からも、とっくに言われていたことだった。そういえば、黒木からも「まっちゃん、またなんかやろうよ」という話をずっとされてたっけ。

1993年、ぼくらの雑誌がまたスタートする。

平成5(1993)年　リズム&ペンシル

小沢健二「ローラースケート・パーク」

『アメリカ〝最強〟のロック　浮上するオルタナティヴ・シーンの全貌!』とは大きく出たタイトルじゃないの。

この本への寄稿で、ぼくは初めて一般に流通する出版物に原稿を書いてギャラをもらった。七つ森のバイトの先輩の彼女が単行本/ムック系の出版社に勤めていて、そこで持ち上がった企画に先輩が乗り、そこからぼくにも話が来た、という流れ。

本は1993年の1月に出たという記録があるので、前の年のうちに原稿は書いていたんだろう。そのころはたしかにアメリカのオルタナなサウンドにはまっていたので依頼としてはうれしいものだったけど、なにしろこちらは単なる喫茶店のバイトでしかない(卒業しそこねた大学生でもあった)。よくもまあ、身のほど知らずにあれこれと書いたもんだと思う。

表紙などイラストを手がけていたのが、大好きだった漫画家のよしもとよしともさん。このときの仕事が細い縁となり、のちにすこしだけよしもとさんとぼくは交わる。

ちなみに、ぼくのライター仕事はここだけで途絶え、このあと1999年までない。

1993年は、ぼくが深くかかわることになる雑誌（といってもミニコミ、いまでいうzine）がスタートする年だったが、同時にいろんなことが終わりに向かう年でもあった。大学生活も7年目を迎えた。物理的にはあと2年在籍することは可能だったけど、そろそろ終わりにしたい気持ちのほうが強かった。今年がんばってフルで単位を取得できればギリギリで卒業できそうだという見込みがあり、授業を午前中に固め、七つ森のシフトは夜番を増やした。

長くつきあっていた彼女と別れたのもこの年だった。日本サッカー史上の有名な事件である「ドーハの悲劇」は、この年のぼくの誕生日に起きたのだが、そのときちょうど彼女とわりと深刻な電話をしていたのに、テレビの画面で相手方の引き分けゴールが決まってしまったのが見えて、思わず「あー！」と声に出してしまったことを覚えている。

それからすこしして、バイトから帰ってきたら部屋のドアノブにいくつかのぼくの私物（彼女の部屋にあったもの）がぶら下げてあり、彼女とはそれきり連絡もとれなくなった。ドーハの悲劇が、ぼくの悲劇にもなった。

七つ森でのバイトにも徐々に限界を感じはじめていた。仕事がつまらないのではなく、こちらは金銭的な限界。金がない。そんなときに、七つ森に新しく入ったバイトの女の子が高田馬場の中古レコード店でもバイトを掛け持ちしていて、しかもそっちは給料がすごくいいらしいという話を耳にした（ちなみに、その女の子がのちにぼくの奥さんになる）。七つ森の同僚も、買取に出かける車のドライバーのバイトを斡旋され、日払いで想像以上の額をもらって喜んでいた。その店はいつも忙しく、人手が足りずに困っているという。

レコード屋なら腕に覚えがあるし、きっとうまくやれるはず。そうは思ったが、ユニオンを辞めたときに「もうレコード屋からは離れていよう（のめりこみすぎるから）」と思ったのも事実で、働かせてほしいと切り出すまでは躊躇もあった。

その躊躇とは別に、巷でレコード人気が起きつつある現象には興味があった。ちょうどそのころ、七つ森の同僚が、彼の弟の住むニューヨークで古着を買付する旅行に行くことになった（彼の夢は将来的に古着屋をひらくことだった）。出発を前にいろいろ話していたら、例のレコード屋で働いている女の子が「じゃあ、これに載ってるレコードを買ってきてください」と、薄い冊子を手渡そうとしていた。そのとき彼女に見せてもらったその本が『サバービア・スイート』。

彼女とつきあうようになってから、彼女の部屋でそれまでに知らなかったレコードをいろいろ聴いた。かつて彼女はフリッパーズ・ギターのラジオ番組のリスナーでもあった。この年の6月に小沢健二が日比谷野音で行ったフリーライヴのVHSテープも彼女に見せてもらった。

なんだか、ぼくが知っていた80年代の終わりとは違うおもしろいことが中古レコードの世界で起きているっぽい。だったらもう1回、レコード屋で働くのもわるくないかも。まあ、なによりも金銭面での事情もあって、背に腹は代えられなかった。

ぼくはその店の面接を受けて採用となり、しばらくのうちは七つ森と掛け持ちしていたが、やがて年が変わるころにはそのレコード屋、ディスクファンでの仕事に専念するようになっていた。


新しく作る雑誌の名前が決まったのは、この年の秋に差しかかるころだった。

たしか、キンクスのライヴを一緒に見た帰りに寄った深夜のファミレスだったかな。『少年ヘルプレス』の松永・黒木だけでなく、このころにはもうひとり新しいメンバーが加わっていた。新しく加わったのは、住田浩志。

おなじ大学のリズム&ブルース研究会に出入りしていた黒木が先に知り合っていて、ぼくらよりひと足先に卒業した住田は定職には就かず、パチプロとして身を立てていた。ぼくと知り合ったのは92年。新宿パワーステーションで行われる麗蘭のワンマン・ライヴのチケット売り出しの列に一緒に並んだときだったと思う。

雑誌名の候補はいろいろ浮かんでは消えた。そのうち、黒木が『リズム&ペンシル』という案を出した。略すと「R&P」で、「R&B」を間抜けにしてかわいくした感じもいいというふうに盛り上がったし、なにより「筆が踊る」という古風なたとえを出すまでもなく、文章がちゃんと音楽している本にしたいというぼくらの強い気持ちが込められていた。

当時、ぼくらが目標としていたのは、ロック漫筆家の安田謙一さんが80年代の終わりに出していたすばらしいミニコミ『3ちゃんロック』だった。

最初のうち、『リズム&ペンシル』はいろんなテーマの記事が混在するような総合音楽雑誌的なイメージだった。創刊号のメイン記事をジョナサン・リッチマンにしようという話にまとまったのは94年に入って、ひさしぶりに来日するというニュースを聞いてからだったかな。その時点ではまだ、ジョナサンだけで1冊作ることになるとか、刊行まで5年もかかるとは誰も夢にも思っていなかった。

ただ、雑誌の名前がばっちり決まったことで、どんなことでもできそうな気がしていた。『少年ヘルプレス』から4年経って、新バンドを結成したようなものだった。不安と自負がないまぜになっているけど、とりあえず胸を張って先に進みたい気分が、小沢健二のファースト・アルバムのタイトル『犬は吠えるがキャラバンは進む』（いまは『dogs』というタイトル）と、不思議にシンクロしていた気もする。

リズム&ペンシル内部では小沢健二のソロ活動に対する評価は二対一で分かれていたが、ぼくは賛成派だった。

大学はどうにか卒業できそうだが、その先はなにも決まってない。だけど、とりあえず『リズム&ペンシル』という雑誌をこの3人で作るという目標はできた。

『犬は吠えるがキャラバンは進む』のラストに入っていた「ローラースケート・パーク」を当時よく聴いていた。小沢健二がぼくとおない年だと知ったのも、このころだった。

第2章

平成6（1994）年　アー・ユー・リョーヘイ？

サム・クック「タッチ・ザ・ヘム・オブ・ヒズ・ガーメント」

大学7年生で受けた最後の試験では2科目を落とした。しかし、卒業最終年度だけ許される2科目プラスでの受講が保険となり、本当にぎりぎりで卒業が確定した。『少年ヘルプレス』のふたり（黒木は5年）が揃って卒業し、前年、名前が決まったばかりの『リズム&ペンシル』として世に踏み出すことになった春だった。

そして、その4月に早速行われたのが、ジョナサン・リッチマン三度目の来日公演だった。過去2回を見逃していたぼくらは、この春に初めて生でジョナサンを見ることになる。それだけじゃない。『リズム&ペンシル』の3人が立てた野望は大きかった。

創刊号のメイン特集は、ジョナサン・リッチマンとする。ついては来日時にインタビューをしたい。しかし、そのツテはない。そこで考えた作戦は、まず手紙だった。ジョナサンが当時所属していたラウンダー・レコード宛にダメ元で英文の手紙を書いた。

そしたら、しばらくして来たのだ、返事が、ジョナサンから。

文面には、取材OKという意味のことと、返事が遅れたけどぼくからの手紙をずっと荷物にいれてツアーしていたことを示すイラストが描かれていた(そのイラストを使って、創刊号の告知がわりとなる緑色のポストカードを作ったし、のちに創刊号の目次ページにも使った)。

とはいうものの、国際郵便でそれ以上のやりとりはできず、取材OKといってもどこでどうしたらいいかわからない。というわけで、最終的な手段は、ずばりジョナサンに会場で直撃して直談判することになった(招聘《しょうへい》元のスマッシュからも、ありがたいことに快諾を得た)。

東京公演の会場は渋谷クラブクアトロ。当時はいまとはすこし構造が違っていて、楽屋はステージとおなじフロアの、客席から見て右袖にあった。だから、ライヴが終わったらすぐに楽屋を直撃しようと思えば簡単にできたのだ。それに、ファンの求めに応じてサインするためにジョナサンがフロアに出てくる可能性もある。

やがてファンにサインするために本当にジョナサンが出てきた。ぼくらの番が来て、いまよりはるかにつたない英語であの手紙のことを伝え、「ウィー・アー・リズム&ペンシル」と自己紹介した。ジョナサンは手紙のことを気にかけていたようで、「オー、リズム&ペンシル!」とうれしそうな声を出した。この瞬間、はじめて「リズム&ペンシル」という単語を口に出した外国人は、ジョナサン・リッチマンということになった。

東京から福岡まで続くツアーの全行程に同行することをぼくは決めていたが、取材自体はツアー終了後に東京で行われることになった。「きみに電話するよ。電話番号を教えて」とジョナサンは言った。「え?」と思ったけど、ほかに連絡手段もない。自宅の番号を渡し、ジョナサンからの連絡を待つことになった。そして数日後、本当にジョナサンから電話がかかってきた。「アイ・アム・ジョナサン。アー・ユー・リョーヘイ?」

のちに刊行された『リズム&ペンシル』にはジョナサンの全国追っかけ日記が載っている。だけど、それは97年来日時のもの。94年のツアーはただ純粋にぼくらが公演地を訪ね、ライヴを見ただけだった。単なるファンだし、素人だし、緊張もしてたし、どこでどうやって段取りするとか、そういう事前の準備もおぼつかない。ぼくらの気持ちは、まだまだとてもふわふわふわとしたものだった。

高円寺のアパートにジョナサンから電話が本当にかかってきても、まだふわふわ。ホテルのロビーで、通訳も交えずへたな英語で45分ほどインタビューをしても、まだふわふわ。インタビュー後、ホテルの庭園で、ジョナサンはギターを弾き語りしながらこころよく撮影に応じてくれた。ぼくらのあまりにも素人然としたふるまいを見て、逆に気を使ってくれたのかもしれない。

そのときぼくらは、当時流行していた「写ルンです」の3Dヴァージョンを持参していた。「飛び出すジョナサン」を撮ろうとしていたのだ。ところが、のちに現像してみたら、フィルムにズレがあったらしく、立体にならないどころか、写真の左右で写っている場所が違う不思議な写真になってしまった。ダメだこりゃ。

のちにその失敗3D写真の1枚がデザイナーの目にとまり、『リズム&ペンシル』の表紙になるのだから、未来はわからない。当時、あの失敗はぼくらの意気をくじく残念事案だったのに。

こうして、ジョナサン自身からの最大の協力を得て、『リズム&ペンシル』創刊号の制作はスタートした。どういうふうに特集や雑誌全体を作っていくのかははっきり決めていなかったけど、とりあえず記事作りだけはスタートした。

しかし、刊行までの道のりは簡単にはいかなかった。だって、ようやく発売できたのは99年になってからだから。

この年、ぼくはつきあっていた彼女と同棲することになり、高円寺のアパートを引き払い、下井草に引っ越した。彼女とはおなじディスクファンで働き続けていて、通勤も一緒になった。

レコード屋の仕事は楽しさもあったが、とにかく度を越して忙しい店だった。『リズム&ペンシル』の作業を進めないといけないという気持ちは強かったけど、ぼくは毎日疲れ切ってバタンキューを繰り返していたし、就職した黒木もパチプロの住田もそれぞれの環境で忙しく、結局、94年はこれ以上の進捗がないまま暮れてゆく。

なんとか気持ちを切らさないようにするため、ジョナサンのツアーのことをよく思い出した。なかでも忘れがたいのは名古屋クラブクアトロ公演。なんと開演直前まで観客が7人しかいなかった。フロアにはまるテーブルと椅子がいくつか配置されていたが、ひとりにつき1台のテーブルを独占状態。その光景を見てジョナサンはなにか決断したかのようにステージを降り、フロアを練り歩きながらマイクなしで歌い出した。

そのときジョナサンが突然歌い出したのが、サム・クックのゴスペル時代の名唱やアル・クーパーのカヴァーで知っていた「タッチ・ザ・ヘム・オブ・ヒズ・ガーメント」。あれ以来ジョナサンがあの曲を歌う場面に出くわしたことはないし、レコーディングもしていない。だけど、いまでもあの瞬間の、悩みや憂さが流れるように落っこちていった気持ち良さはしっかりと思い出せる。あのとき本当にあの人に心奪われてしまったんだ。

平成7（1995）年　デイズ・イン・ウラババ
ア・トライブ・コールド・クエスト「エレクトリック・リラクゼーション」

高田馬場で働いていたディスクファンは、支店を持たない個人店だった。「裏馬場」と呼ばれていた駅の西側の奥にあり、立地としてはかなり不利なのに、おそろしいほどお客が来た。理由はレコードの安さ。オールジャンルの店だったこともあり、クラシックのレコードがとにかくよく売れたし、買取もクラシックが多かった。

狭い店内に入りきらないレコードは1枚100円で表に出していたが、店長が勢いにまかせてどんどん出してしまうので、お客さんがレジに持ってきたときに働いているぼくらがびっくりするような掘り出し物が入っていることも多かった。

単価は安いのに1日数十万円の売上があるものだから、毎日がフル回転状態。へとへとの日々だったが、この店で働いたことで学ぶことも多かった。

店長は控えめに言ってもかなりの変わり者だったけど（少年時代はビートルズ嫌いのクリフ・リチャード好きだったというのが定番ネタ）、店長のおかげで知った音楽も多かった。

「これはすごくいいレコードだけど、ぜんぜん売れないんだよ」と店長が言っていたレコードの多くはかなりおもしろいものだった（モダン・ジャズのファンが嫌うタイプのスイング・ジャズとかコーラスとか）。店長が嘆くタイプのレコードはおのずとバーゲン価格になり、そういうレコードを渋谷系界隈のＤＪやレコード・マニアもこぞって買いに来ていた。当時はまるっきり時代遅れのように見えた人だったけど、じつは時代をちょっと先駆けてもいたんだよな。

なかでも特筆したいのは、この年に起きた「ヒップホップ開眼事件」。

新大久保にレコードがたくさんあるから引き取りに来てほしいという連絡を受けて行ってみたら、昼間から年輩のおじさんが競輪中継を見ていた。ランニングにパンツ１丁で。どうやらレコードの持ち主はいま不在にしているらしい。「持っていっていいよ」とおじさんが言うので、部屋に上がらせてもらって仰天した。

ベッドの周りに横積みされたレコードの山という山。よく見たら競輪を見ているおじさんの脇にもレコードは積んであり、あろうことかおじさんはその上にラーメンやお茶をじかに置いていた。

最初は、「これは期待できないな」と思いながらレコードを詰めはじめた。ジャケットがないものが多い。黒いジャケにステッカーを貼ったレコードが大半で、どうやらヒップホップやダンス・ミュージックの12インチらしかった。１９８０年代半ばから最近（95年当時）のものまで、数にして2千枚くらいはあった。おじさんが食べていたのであろうラーメンの器やタバコの吸い殻の熱などで曲がってしまったかわいそうなレコード数枚を除けば、ほぼ新品同様と言ってよかった。どうやらディスコ時代からDJをしていた人の持ち物で、ヒップホップにハマってからは発売される12インチを片っ端から買っていたらしい。

当時のぼくはせいぜいデ・ラ・ソウルやビースティ・ボーイズを知っているくらいで、ヒップホップのことはよくわかっていなかった。すごい数だし、調べてみたらよいものが多そうだという手応えはあったけど、こういうレコードにどんなプレミアがついているのかは知らない。店長とも相談してそれなりの総額で先方に伝えたら、あっさりとOKが出た。お金を取りに来たのはあのおじさんではなくスーツを着込んだ男性で、事務的に現金を受け取って立ち去っていった。あの人が元DJ？　それとも借金のカタで手に入れたブツだったとか？　いまもそれは謎だ。

買取がつつがなく終了し、試しに何枚か店頭に出してみたら、近所の高校生が狂喜乱舞して買っていくし、「ほかにはどんなのありますか？　メイン・ソースは？　トライブは？　デル・ザ・ファンキー・ホモサピエンは？」と質問攻めにあった。ぼくらが聞いたこともないような名前のアーティストでも、箱を探すとほぼ必ず見つかった。これはどうやら質量ともにすごいものを買取してしまったらしい。

それからというもの、ぼくと彼女は毎日のように12インチを自宅でもお店の倉庫でもがんがん聴いてヒップホップの世界を勉強した。ありがたいことに、この買取には本当に80年代末から90年代半ばまでの黄金時代の名曲が12インチでほぼすべて揃っていた。単にこのジャンルに対応できるようになっただけでなく、それまで「ロック耳」だったぼくにとっては、いまに通じるグルーヴの習得をしたともいえる時間だった。それにしても、あの新大久保の部屋の光景はいまだに忘れられないな。

こういう話は運のいいほうで、その逆のエピソードもある。

その日は、友人の結婚パーティーに夕方から出ることになっていたので、ぼくはめずらしくスーツにネクタイで出勤していた。近所のマンションの4階（エレベーターなし）にあったお店の倉庫でお昼の休憩をしていたときだった。誰かがドアをノックした。開けてみると、ひとつ下の階を借りている男性が深刻そうな顔でそこにいた。「あのお、うちの天井から水がぽたぽた落ちてるんですけど、こちらでもなにか変わったことが起きてないかと思いまして」という。

ぼくが休憩していた部屋は、最初は休憩所的な用途で借りていたらしいが、在庫が溜まってしまい、ぼくが働くようになったころは部屋の奥までレコードを詰めたダンボールがうず高く積まれた状態だった。そのためトイレ以外で水道を使うことはなかったし、トイレを調べてみたが特に変わったことはなかった。「うちは水を使うことないんで、関係ないと思います」と答え、ドアを閉めた。

「ん?」

ひとつ思い出したことがある。このマンション、バスタブもあったよな……?

ざわざわとわるい予感がした。箱にはばまれて現状ではドアすら開けられない風呂場。思い切って、風呂場の前の箱をいくつかどかして、ちょっと隙間を作ってみた。ポタ、ポタ、ポタ。なんだこの音? 胸騒ぎがさらに増した。さらに箱をどかして、なかに入れるようにした。そして、一歩足を踏み入れてみて、背筋が凍った。床、濡れてる!

ポタポタとしずくを垂らす蛇口と満タンになったバスタブ。そのバスタブのなかにレコードが詰まった箱。そして、風呂場の外へとつたっていく水の道……。あろうことかレコードの箱の重みで、床はすっかり凹んでいた。たぶん、その先には小さな亀裂があって、そこから下の階に水がポタ、ポタ、ポタ……。

キャー!

気が動転しながら、とにかく蛇口を閉め、風呂場を占領する数にして数十箱をマンションの外まで運び出すことにした。汗と汚れでワイシャツもズボンも悲惨なことに。しかし、そうするよりほかに方法はなかった。

応急処置が終わってから店長に連絡を入れ、3階の男性に揃って謝りに行った。事情を知った男性は、パソコンなど精密機械が濡れたら弁償ものだとおかんむりで、部屋の様子を見せてほしいと主張。そして、部屋中を満たす箱の山を見て、あきれ果てたようにこう言った。「これは……、グランドピアノ4台分はありますね」

結局、そのマンションからは早急に立ち退きすることになった。その日の夕方、ぼくはたしかに友人の結婚パーティーに出席したと思うんだけど、疲れ果てていてなんにも記憶が残ってない。まあ、それはそれはひどい経験だったけど、いま思い出すとなぜか笑う。グランドピアノ4台分かよ、ってね。

そんな悲喜こもごもはありつつ、おおむね、ぼくはレコード屋の仕事への本格的な復帰を楽しんでいた。

1995年は、阪神淡路大震災と地下鉄サリン事件の年でもあった。震災の日は仕事が休みで昼まで寝ていて、『笑っていいとも!』を見ようとしてテレビでニュースを知った。その時点ではたいしたことにも思わず街に出て、渋谷のラーメン屋で夕方のニュースを見て被害の大きさに愕然とした。

地下鉄サリン事件の日は、朝から平和島競艇場にいた。このころ、ちょっとだけ競艇にはまっていた。帰りの駅の夕刊の見出しで不穏な事件が起きたらしいと知った。心が揺れ動かないわけではなかったけど、歴史の脇を通り過ぎるように当時のぼくは生きていた。それだけ日々に追われていたんだなと思う。

この年の1曲は、ヒップホップにする。おかげで、音楽のおもしろさがめちゃめちゃ広がったから。たとえば、ア・トライブ・コールド・クエストの「エレクトリック・リラクゼーション」。時代の喧騒とすれ違いながら、「おれにもいつか高田馬場を抜け出せる日が来るのかな」と思いながら西武新宿線に揺られて帰っていたたくさんの夜を思い出す。

平成8（1996）年　ロッキン&ロマンス

NRBQ「イッツ・ア・ワイルド・ウィークエンド」

停滞をしていた『リズム&ペンシル』が、ふたたび動き出したのは1997年になって、ジョナサン・リッチマンの来日が決まってからだったと記憶してる。96年はまだ凪の年だ。だけど、この年には忘れられないイベントがあった。4月に二日間だけ実現したNRBQの来日公演。90年代前半に存在を知り、気になって何枚かレコードを買ってはいたものの、その全貌まではまだよくわかっていなかった。それは街のレコード屋でも同様で、こんなエピソードもあった。

よく通っていた高円寺のレコード屋さんで、店主から「NRBQ好きと言ってましたよね？　これ、入りましたよ」と、あるレコードを見せてもらった。でも、ジャケを見てもピンとこない。「かけましょうか」と店内で流してもらったが、朗々と低い声のアシッド・フォーク・ロックが続いた。

そのレコードは、シンガー・ソングライター、ディノ・ヴァレンテのアルバムだった。名前くらいしか知らないレア盤だったけど、はたしてこれがNRBQとどんな関係が？

首をかしげているぼくに向かって、あせったように店主は言った。「ほら、この人、ニュー・ライダーズ・オブ・ザ・パープル・セージにかかわってたでしょ？　知りません？　NRP……あれ？　違う？」

NRBQとNRPSを勘違いされていたという話。96年当時で25年以上の活動キャリアがありながら、日本ではわずか２枚しかアルバムが発売されたことがなかったNRBQについてのロック・ファンの認識は、大なり小なりそんなものだったかもしれない。

しかし、招聘を担当された長門芳郎さんの尽力もあって多くの観客が集まり、初来日公演は大変に盛り上がった。彼らの演奏もパワフルで洒脱で、意表も突けばツボも突く、すばらしいものだった。興奮してしまったぼくらは二日目も当日券で見に行き、終了後も居残って、４人のメンバーに直撃をした（ジョナサン・リッチマンで覚えたわざだった）。

彼らとジョナサンはおなじラウンダー・レコードに所属していたから、あわよくばコメントを引き出して『リズム＆ペンシル』で使おうという話もしていたかも。ただし、その場の混沌と興奮もあって、じっさいに聞いた質問は「あなたにとっていちばんの音楽は？」だった。

ドラマーのトム・アルドリーノは、その質問に「（映画音楽家の）アレックス・ノース！（その名前を知らず、けげんそうなぼくらを見て）知らない？　じゃ、リトル・リチャードだ！」と答えてくれた。

のちにぼくの友人にして生涯の師ともいえる存在になるトムと話したのは、このときが最初だった。

NRBQのすばらしさには『リズム&ペンシル』の3人とも打ちのめされていた。そして、その結果、棚上げになっていた創刊号をなんとかしないといけないという気分も生まれた。「早いとこ創刊号を出して、次はNRBQだ!」という感じ。雑誌1冊まるまるジョナサン・リッチマン特集で、切り口を変えながら記事を作るバラエティ・ブックにするという方向も、この年に決まったと思う。

とはいうものの、ぼくは相変わらず日々のレコード屋仕事に追われて疲弊していたし、一度切れかけたモチベーションを取り戻すのにはかなり苦労した。

文章もぜんぜん書いていなかったので、リハビリ感覚でワープロ打ちした原稿で簡単なフリーペーパーを作ることにした。タイトルは『ロッキン&ロマンス』(ジョナサン・リッチマンのアルバム・タイトルに由来する)。A5サイズを二つ折りにして、さらにB5の紙を二つ折りした別冊子(書いた文章に登場するレコードの紹介やアーティストについての補足を書いた)を綴じ込むという形式。やりはじめたらそれなりに気持ちが乗ってきて、凝り性な性格も反映され、またしても小さい文字でミチミチしたものになってしまった。

とりあえず1冊できたのだが、『リズム&ペンシル』が進んでいない後ろめたさもあり、

「松永良平」ではなく偽名のミニコミということにして、七つ森やジェリージェフに置いてもらった。しかし、それを偶然読んだ知り合いには、すぐに「松永くんだよね？」と見破られ、3号くらいから本名を記すようになった。結局、3ヶ月ほどで6号まで作った気がする。あくまでリハビリ気分の制作だったけど、「人に読んでもらえるものが、まだ作れそう」というぼんやりとした手応えも感じつつあった。

『ロッキン＆ロマンス』は、渋谷のハイファイ・レコード・ストアにも置いてもらっていた。昔行ったことのあるハイファイはちょっとこわいイメージだったが、知り合いから「オーナーが変わって、店の雰囲気もすごくおだやかになったんですよ」と聞いていた。ディスクファンに12インチをよく売りに来てくれていた若者が、ハイファイで働いている人だったと『モンド・ミュージック２』を読んで知り、打ち解けて話すようになったことも大きかった。

当時、ハイファイに行くために渋谷の駅で降りるたびに、渋谷と高田馬場の距離感を感じていたことを思い出す。山手線で5駅しか離れてないんだから笑い話みたいだけど。

20代後半を迎えて、「もしかして、おれ、20代を無駄に過ごしてしまってるんじゃないか？」というあせりに駆られはじめてもいた。音楽に触れたり、考えたりするのが好きだということは変わっていなかったけど、結局、なにがしたいのかも決められないまま日々に忙殺されていた。たぶんこのままじゃダメなんだろう。

そもそも、おれはレコード屋になりたいの？　雑誌作る人になりたいの？　ライターになりたいの？　それともなにかほかに目当てがあるの？

結局、96年は、自分のやる気とにらめっこしたまま過ぎていった。だけど、NRBQが吹かせた風が心に立てた波には、ぼくらの眠りこけていた目を覚ます効力が少なからずあった。

頭のなかでは、ライヴの終盤、トムのドラム・スティックが勢い余って手を離れ、きれいな弧を描きながら客席に飛んでいったシーンがしょっちゅうリピート再生されていた。こそっとフリーペーパーを出すのも楽しかったけど、次に自分がやるべきことはそれじゃない。あのスティックくらい、飛びたい。そんなことを思いながら、毎日西武新宿線に揺られていた。

たしか、あのスティックが飛んだ曲、二日目にアンコールでやった「イッツ・ア・ワイルド・ウィークエンド」だったよな。

平成９（１９９７）年　リズム＆ペンシル、走る

スライ＆ザ・ファミリー・ストーン「セックス・マシーン」

ジョナサン・リッチマンの来日（通算四度目）が決まり、『リズム＆ペンシル』も再始動した。

「これで作れなかったらウソだろう」という気合のもと、綿密に計画を練る。各地の公演への帯同、インタビューはもちろん、京都では礫礫、京大西部講堂前、鴨川の三角州にてフォト・セッションも行う。ジョナサンの了解を得ながらの取材は、いろいろと珍道中ではあったけど、このあたりの話は『リズム＆ペンシル』創刊号に掲載された同行記に書かれているので、もし機会があったら読んでみてほしい。あらためて書き記すと何万字あっても足りないくらいの思いがあそこにある。

ミュージシャンや各界のファンがジョナサンへの思いを語るコーナー「ジョナサンと私」の依頼も本格的にはじまった。

大学卒業後にフジテレビに就職していた黒木のつながりから思わぬビッグネームが名を連ねることにもなったり、ダメ元作戦で海外に英語でオファーを出したら明け方にファッ

クスで返事が届いて狂喜したり。

雑誌全体のデザイナーは知人に紹介された千原航さんが快諾してくれた。本の判型が決まったのもこのころだ。ぼくが持っていたサンデイズド・レコードのカタログのサイズに近い縦長感がほしくて、A5で横を断ち切る方法を採用することになった。まだまだやるべきこと、やりたいことは山積していたが、なにはともあれ、年内刊行を目標に『リズム&ペンシル』が走り出したのはよいことだった。

この夏には、同棲していた彼女と結婚し、実家のある熊本で式を挙げた（式には『リズム&ペンシル』のふたりと大学時代にお世話になった先輩が出席してくれた）。黒猫を1匹飼いはじめていて、3人家族という感じ。

この猫との出会いも忘れられない。さかのぼること2年ほど前のある日、ぼくらが働いていたレコード屋に迷い込んできたのがその猫だった。お客さんの肩に乗ったりして、すこしも人に動じない。店から出ようとしないし、首輪もしていなかったので、家で飼うことにして連れて帰った。

ところがその後、猫は急速に体が弱り、獣医さんに診てもらったところ心臓に病気があるとわかった。おそらくそのせいで前の飼い主さんが手放したのではないかというのが獣医さんの推測だった。

さいわい病気のほうは治療の甲斐あってよくなったが、ある日、窓際で寝ていた猫がアパートを訪ねてきた大家さんに見つかってしまった。人懐っこい猫だったので、大家さんと目が合ったとき「にゃあ」と鳴いてしまい、バレてしまったそうだ。ペット禁止のアパートだったので、猫を手放すか、1ヶ月以内に引っ越すかを迫られ、ぼくらは引っ越しを選んだ。この猫とは13年一緒に暮らした。

結婚はぼくに節目を意識させた。前の年から感じていた「このままレコード屋での日々に忙殺されているだけでいいのか?」という自分への問いにも、徐々に拍車がかかっていく。休日は『リズム&ペンシル』の取材や打ち合わせであちこちに出かけていて、日常である店員業務とのバランスが狂いはじめ、精神面もちょっと不安定になっていた。

そういう気持ちの揺れを象徴していたような出来事が、このころにあった。親しくしていた高円寺のレコード屋さん(NRBQとニュー・ライダーズ・オブ・ザ・パープル・セージを勘違いしていたあのお店)が閉店することになり、ついては残ったレコードをディスクファンで買取してほしいという依頼を受けた。

もちろんですと意気に感じて受けた仕事だったが、結果的に査定が先方の望んだ金額と折り合わず、すべてキャンセルになってしまった。「こんなの受けなきゃよかったんだよ」と店長に怒鳴られ、激昂したぼくも大きな声で言い返し、その場で号泣してしまった。それはたぶん、先方の期待に添えなかった悲しさや、店長のきつい言葉に傷ついたからというより、中途半端な気持ちで店の仕事を続けていて、うまくいかない事態に翻弄されている自分自身への情けなさから出た涙だったんだと思う。

めちゃめちゃすごい売れ行きを誇っていたディスクファンも、90年代後半になると、かなりペースダウンをはじめていた。レコードの世界は、世間一般よりも遅れてバブル崩壊の波がきたというのがぼくの実感で、95年くらいがレコード景気の頂点だったと思う。

いわゆる渋谷系文化の象徴であった中古レコード・バブル（円高を背景とした買付の全盛期でもあった）が飽和状態を迎え、いよいよ本格的にCDが主役に切り替わる流れが感じられた。レコードは売れないし、買取の成果も芳しくない。そういうサイクルに入ると売上も下がり、店長の機嫌もわるくなり、お店のテンションも下がった。

レコード屋に対するポジティヴな気持ちが見出せなくなっていたこの時期、七つ森時代の同僚が、ディスクファンにバイトで入ることになった。年齢はぼくのひとつ上。病気がきっかけで七つ森を辞めた彼が健康を取り戻して職を探しているというので、買取の運転を中心にやるスタッフとして働いてもらうことになったのだ。

七つ森時代から彼のことは年上ながら憎めないいいやつだと思っていたので、職場が一緒になったことは、ぼくの沈んでいた気持ちにはちょっとしたいい薬になった。

彼はクイーンやジミヘンが好きなまっとうなロック青年で、七つ森でも彼がソト番になると、よくそういうレコードがかかっていたっけ。普段は浅川マキや渋い音楽が流れていた店だったから、彼がクイーンの「レディオ・ガ・ガ」をかけるとお客さんが蜘蛛の子を散らすように店から逃げ帰っていたのがおかしかった。「こんなにいいのに」と不思議そうに（でもニヤニヤと笑いながら）一服する彼が好きだったな。

この翌年、結局ぼくはディスクファンを辞める（そのことは次項で書く）。ぼくが辞めた後も彼は2年ほど働き続けたが、やがて彼もまた店長と喧嘩して辞めてしまったと聞いた。そして、それからしばらくして彼の訃報が届いた。体調を崩してアパートで臥《ふ》せっているうちに亡くなってしまったという話だった。

大学時代にファンク・バンドをやっていた彼はギターもベースもうまかったらしい（演奏は一度も見たことがなかった）。いまもよく覚えているのは、スライ＆ザ・ファミリー・ストーンのアルバム『スタンド！』に入っている長尺のインスト曲「セックス・マシーン」をかけて、「こういうシンプルな繰り返しがいちばん難しくて、いちばん快感なんだよね」とよく言っていたこと。

七つ森でも、ディスクファンでも、その話は繰り返し聞いた。もっとお互いに歳をとって飲みながら何度でも聞きたかった話だった。いまも、あの曲を聴くと必ず彼のことを思い出す。

平成10（1998）年　男達の別れ

キリンジ「ニュータウン」

『リズム&ペンシル』は結局1997年のうちには完成せず、あっさり越年した。

だが、時間がかかったせいでよかったこともいくつかある。その筆頭は、ジョナサンが踊る銀色のステッカー（横浜銀蠅をイメージした）。これは、この期間に生まれたアイデアだった（制作には、とほうもないお金がかかったけど）。

この人にコメントをもらおう、あの人にも取材したい、こういう原稿を書いたらどうか、などなどアイデアも分量も大きく膨らみ、その結果、記事本文に使ったフォントは6ポイント、注釈は5ポイントという、出版物としては常軌を逸した小ささになっていった。「さすがにどうか」という声もなくはなかったが、それでもかまうもんかという気持ちのほうが強かった。

春過ぎ、ディスクファンを辞めると店長に伝えた。正確には「ずっと自分が仲間と作ってきた本が今年はついに出るし、それをいいきっかけとしてライターとしてやっていきたいと思っている。ついては、ほかのバイトに伝えたいノウハウもあるので、あと半年か1年ほどしたら辞めたい」と言ったのだった。ライターとしてやっていくアテがあったわけではなかったが、このままレコード屋の番頭としてふるまっているのも限界だという気持ちが強かった。それに、10月の誕生日がきたら30歳になってしまう。その前に、このあとの人生を決めるしるしがほしかった。

辞意を伝えたら、ぼくの葛藤もあってギスギスしていた店長との仲も多少修復された。必要なとき以外はなるべく顔も合わせないつもりだったが、ひさしぶりに冗談を言って笑いあったりもした。しかし、8月のある日、ぼくら夫婦が夏休みを取り、西伊豆に旅行して帰ってきたら、気配は一変していた。

ぼくは事務所（店長は店にはほとんど出ず、そこで1日中査定をしていることが多かった）に呼び出され、勤務態度や仕事の進捗について、ひさびさにひどい剣幕で罵声を浴びせられた。ぼくにも言い分はあったが、店長の言っていることも半分は正しかった。この時期、『リズム＆ペンシル』の制作も佳境を迎えつつあり、お店にいても心ここにあらずの状態でいたことは本当だった。

だが、休み明けでいい気分で出勤したのにいきなりどやされたことに対して必要以上にカチンときてしまったぼくは、売り言葉に買い言葉で、その場で「辞めます。いますぐ辞める！」と断言してしまった。

店に戻って荷物をまとめて帰ろうとしていたときに、電話が鳴った。店長か？　一瞬引き止められるのかと思ったが、違った。「法律により、即解雇ではなく1ヶ月の猶予を設けなければいけないので、1ヶ月したら辞めてくれ」という内容の電話だった。

98年の夏、ぼくは約5年働いた店を辞めた。事実上のクビだった。店長の奥さんからは「松永くん、ライターで食っていくなんて甘いと思う。そんなので生きていけるはずないよ」とも言われた。ぼくの身勝手なふるまいに対する怒りが半分、心配が半分だったと思う。じっさい、その言葉はかなり当たっていたのだから。

お店の方針で社会保険に加入していたこともあり、どうやら失業保険がもらえそうだとわかった。しばらくはそれで食いつなげるのではないかと安堵した。調べてみたら、ぼくの働いた期間だと3ヶ月分もらえるという。しかし、失業保険の給付には「自己都合」と「会社都合」があり、「自己都合」で辞めた場合は退職から3ヶ月は支給が行われないという。それは困る。「会社都合」とは、すなわち「クビ」のこと。ぼくの場合もそれにあたるのではないか。そうだそうだ。

なので、クビを宣告されて顔も見たくない相手のところまで直談判に行った（最後の1ヶ月は、お互いに誰かを介してしかコミュニケーションしていなかった）。だが、結局店長は会ってくれず、店長の奥さんが応対してくれた。

「松永くん、あなたを会社都合で辞めさせたことにはできるけど、そうすると離職理由としてあなたにとって相当ひどいことを書かなくちゃいけないの。再就職が難しくなると思うけど、それでいいの？」

「いいんです。もう二度と就職しませんから」

そう言い切ってしまえたのだから、ぼくも相当頭に血がのぼっていたと思う。ライターとしてお金をもらう仕事なんて、その時点でまだ1本もやってなかったのにね。

結婚2年目、晴れて無職となった日々を、ぼくは『リズム&ペンシル』の完成に捧げた。当時はメール入稿なんて遠い未来の話。住田の家にはＭａｃがあったから、家でワープロで打った原稿をフロッピーに読み込み、Ｍａｃ用のデータに変換し、デザイナーの千原さんの家まで直接持っていくという工程だった。メールでのやりとりでは、まだ重いデータを送ることができなかったのだ。ダイヤルアップ接続だったし。

その道のりも、電車賃を節約するために自転車にしたり、徒歩にしたり。千原さんの家に住田とふたりで詰めて、ひたすら作業をディレクションしていったじっとりと汗の出るような時間もあった。

秋から年末にかけて、自転車を漕いで作業に向かいながらＣＤウォークマンで当時よく聴いていたのは、キリンジのファースト・アルバム『ペイパードライヴァーズミュージック』。

あるとき、知らない道を通ってみたらぐうぜんにも光が丘の団地に迷い込んだ。林立する高層マンションに囲まれて、出口を一瞬見失いかけたときに、あのアルバムから「ニュータウン」が流れてきて、表情のない景色とやり場のない感情とが完全に同期してしまった感覚は、いまも忘れられない。

とはいえ、暮れも近くなって、長かった制作期間にもいよいよ終わりが見えてきて、このころには創刊号の営業も開始された。

流通の素人ながらいろいろ営業をしているうちに、タワーレコードに置いてもらうには個人からの仕入れではなく取次会社を通さないといけないということが判明した。そのとき紹介されたのがとある取次会社。

出てきたおじさんは、ぼくらが作った企画書を見て、「うん、この本、すごいじゃない。売れると思うよ。うちでも2、3千冊は受けもつよ」と豪語した。

それを聞いてぼくらは仰天した。「ほ、本当ですか？　だったら部数増やしますよ！」

「どうぞどうぞ！」

そんな景気のいいやりとりの結果、部数は当初の3千部から4千部に増やされることに決まった。

制作もひと段落したこのころ、啖呵を切ってディスクファンをやめたのに、ぼくはまたレコード屋に就職するための履歴書を書いていた。「あくまでこれはライターとして生活するまでの食いつなぎだよ」と自分に甘いことを言い聞かせつつ。

まずは、自分の古巣ともいえるディスクユニオンに履歴書を持っていった。当時のぼくを知ってる社員もバイトもまだ残っていたし、ここなら雇ってもらえるだろうという軽い了見だった。

ところが、かかってきた電話で告げられた返答は思いがけないものだった。

「25歳以上は採用してないんですよ。すいません」

「え？　あの、ぼく、昔、お茶の水店で働いてて、中古フロアをまかされてて……」

「すいません、対象外なので（ガチャン）」

あれ？

いまは違うみたいだけど、当時のディスクユニオンには年齢規定があった。「そうだったな。しかたないな」と自分に言い聞かせた。続いては、求人誌でバイトを募集していた大型ＣＤショップ、ＨＭＶに履歴書を送付した。「自分がやってきた中古レコードの仕事とは違うけど、まあいいだろ。いろいろ経験してみたいし」

しかし、２週間ほどして届いた通知は「今回は残念でした」というものだった。

あれあれ？

面接にすらたどり着かない見事な二連敗で、鼻をポキンと折られてしまった。

それでもなんとか楽天的でいられたのは、『リズム&ペンシル』がなんとか発売まで漕ぎ着ける直前だったから。発売日も1999年1月15日に決定した。思うようにいかない状況もあるけど、ふさがりそうな未来をこの本が切りひらいてくれることを信じた。

12月28日。奥さんはまだディスクファンで引き続き働いていた。彼女はぼくよりおとなで、しぶとかった。

『リズム&ペンシル』も校了し(人生初の校了だった)、ひとりの時間を持て余していたぼくは、赤坂に向かっていた。赤坂ブリッツで、その日、フィッシュマンズの年末ライヴ〈男達の別れ〉が開催されていた。

2デイズの二日目。あっさり当日券で入れたし、場内はぎゅうぎゅうでもなかったけど、震えるほどすばらしいライヴだった。佐藤伸治が歌う姿を見る最後の日になるとは、誰ひとり思っていなかった。そりゃそうだよね。

そう考えると、98年の1曲はフィッシュマンズにすべきところかもしれないけど、やっぱりキリンジの「ニュータウン」にしておく。郊外の団地で音楽に酩酊させられ、しばしわれを忘れたあの記憶は、ちょっと何物にも代えがたい。

平成11（1999）年　コールド・スウェット・トゥ・ニューヨーク

ザ・シャッグス「フィロソフィー・オブ・ザ・ワールド」

年が明け、ついに『リズム&ペンシル』が完成した。シュリンクされた裏表紙側に銀色のステッカーが封入され、それを外すと、西新宿のバー「リッチマン」のネオンを写した写真が見えるという仕様。自分たちの自己満足ではあったけれど、いまだにこの裏表紙は気に入っている。バー「リッチマン」はもう現存していないが、この写真のなかでは永遠に生きている。

そして、4千部が当時オフィス代わりにしていた住田の家にどーんと届いた。

前年の約束通り、例の取次会社に3千部ほど取り扱っていただこうかと算段していた矢先、ファックスが届いた。取次からの注文書だった。だが、そこに書いてあった数字は、驚くことに当初の話の10分の1にも満たない。なにかの間違いじゃないかと思って問い合わせたら、先日とは違う担当者が出た。

「これがタワーレコード全店からオーダーがあった実数」との回答だった。あのときの約束を引き合いに出してみると、「あー、あの人、いつもそういう口約束しちゃうんですよ」と言われ、一同愕然とした。なんだそれ！

とはいえ、ありがたいことに手にとってくれた人たちからの評判はよく、委託で置いてくれるレコード店、書店もすくなくなかった。ぼくは相変わらず無職状態だったけど、雑誌が世に出たことで納品に出向いたりする機会もたびたびあり、それなりに多忙の日々になった。

「これを名刺代わりにすれば、松永さん、きっとライターの仕事がんがん来ますよ」と言ってくれた人もいて、「そんなもんですかねえ？」と返事しながらも内心では状況が鮮やかに打開されることを期待もしていた。

だが、じっさいには、この時期は懐からどんどん金が出ていくのみ。しかも3ヶ月後には、かなりの額に達した印刷費を入金しなくてはいけなかった。本が多少売れたとしても、請求を立てて処理を待ってというプロセスを考えると、口座への入金には3ヶ月か半年以上かかる。「回転資金」というものが必要なのだという常識も当時はまるで知らなかった。物々交換のようにお金は回らない。失業保険も底をつき、冷や汗で綱渡りする日々がはじまろうとしていた。

そんなある日、新宿のヴァージン・メガストアをうろうろしていたら、ＮＲＢＱの再来日を知らせるすごくシンプルなフライヤーを発見した。主催者はいわゆる興行会社ではなく、聞きなれない個人の名前だった。どうやら前回とは違うかたちでの来日らしい。連絡をしてみたら、主催者は一般の女性だった。ＮＲＢＱのアメリカ・ツアーに同行したことがきっかけで来日公演を主催することになったのだという。

もしかして、そのツアーのためにパンフを作ることはできないだろうか？96年の初来日公演の感激はいまだに体のなかに余熱としてあったし、なにより『リズム＆ペンシル』を発行したばかりのぼくらには、個人の力でなにかをしようとしている人に対するシンパシーが強くあった。

さらにもうひとつ、ＮＲＢＱ絡みでピンときていたことがある。ぼくらが敬愛していた文筆家で美術作家の永井宏さんが１９８８年に刊行した初めてのエッセイ本『マーキュリー・シティ』のなかに、ＮＲＢＱについてのすばらしい一文（「ニュー・リズム・アンド・ブルース・カルテット」）があった。そのときすでに絶版となってひさしい本だったけど、あの文章を再録して、みんなに読んでほしいという気持ちが湧いてきたのだ。

永井さんに連絡をとり、快諾をいただいてその文章を掲載できることになった。パンフの表紙はグラフィック・デザイナーの岡田崇さんにデザインしてもらった（ハース・マルチネスのインストア・ライヴを見る前に立ち寄ったハイファイ・レコード・ストアで知り合った縁だった）。長門芳郎さんに初来日招聘時の思い出を聞いた。スーパースナッズのトモコさんにNRBQのヒストリーをごきげんな文章で書いてもらった。当時ぼくらが夢中になっていたバンド、BOATのアインちゃんにはイラストの絵葉書を書いてもらった。さらに、パンフ内雑誌としてシャッグスの小冊子を作り、漫画家の桃吐マキルさんに漫画を描いてもらい、人力でNRBQの名曲を素材に携帯の着メロをこしらえた（当時ならではのアイデア）。

そして、このパンフは無料だった。手渡される現場を見届けたくて来日公演にもすべて同行した（このポリシーは、その後も続けた）。ジョナサン号は完成まで5年かかったけど、NRBQのパンフは思いつきから完成まで2ヶ月弱だった。そのことはぼくらにとって自信にもなった。やればできるじゃん。

だが、そのいっぽうでリズム&ペンシルの台所はさらに激烈に悪化していった。そもそも創刊号の単純な制作費だけでも、3人で割ってもひとり数十万の借金だった。収入がなかったぼくは、毎月の生活費もプラスアルファで借金は100万を軽く超え、さらにどんどん増え続けていた。

しばらくは手持ちのレコードをかなり処分したり、まだ前の職場で働いていた奥さんに借金をお願いしたりして、なんとか糊口をしのいでいたものの、それもやがて限界に達した。ある日、夫のヒモ暮らしに呆れ果てたのか、奥さんも「わたし、仕事辞める！」と宣言して、本当に夫婦無職になってしまったのだ（ただし、この時期に奥さんは再就職支援のシステムを利用して、デザイナーとしてのスキルを学んだ）。

ついに観念して、ぼくは当時急成長をしていた某派遣会社に登録をした。そこで事務所移転や清掃、ロジスティック（ネット通販の商品集め）などの仕事をして、日払いで給料をもらう。現地までの交通費や食費も出ないし、いま考えてもロクな条件じゃなかったけど、目先の金が必要だったので、当時のぼくにはありがたい仕事だった（この間にも雑誌『TV Bros.』のライター募集に応募して見事に落っこちていた）。

やがて、武蔵境にあった映画館やスタジアム向けの椅子工場での長期派遣が募集されていることを知り、それに応募した。毎日朝8時に武蔵境に出勤するために6時起き。自分の生活ペースを大きく変えざるを得ない選択だったが、いまは定期的な収入がほしかった（派遣会社にマージンを抜かれて、手取りは多くても月10万円ちょっとしかなかったけど）。

工場の場所が武蔵境だというのも、ぼくにはいい印象だった。じつはNRBQの公演を主催した人の家が武蔵境で、「日本でレコードを買いたい」とドラマー、トム・アルドリーノが早めに来日し、しばらくそこに居候していたのだ。

パンフ制作を通じてツアー全体に協力をする流れで、トムに東京のレコード屋を案内するために武蔵境まで迎えに行った。レア盤を探しているのかなと思ったら、トムは96年の初来日以来、日本の新しいポップスに興味津々で、会うなり「ドゥーピーズ、嶺川貴子、スリー・ベリー・アイスクリーム（ほかにもいろいろ）の最新情報が知りたいんだけど」と質問してきた。ぼくと96年に交わした「リトル・リチャード！」話のことはトムはすっかり忘れていたけど、この日がきっかけでぼくらはとても仲良くなった。

工場の仕事が安定してきたころ、「NRBQが30周年のお祭りライヴをニューヨークでやるから、来ないか？」という誘いをトムからもらった。相変わらず借金苦は続いていたけど「自分へのご褒美」と奥さんにも説明し、ニューヨーク行きを決めた。

89年に初めて渡米してからちょうど10年が経っていた。日雇いで働く日々で「もう二度と行くことはないだろうな」と思っていたニューヨークを再び訪れるという流れには、われながら奇妙な運命を感じてもいた。マンハッタンのロウアー・イーストでタクシーを降りると、体が街を覚えていた。10年前、死ぬほど歩き回ったからだろう。

このときニューヨークで見たNRBQ30周年ライヴで、初日のゲストに登場したサン・ラー・アーケストラのレポート記事が、ぼくが商業音楽誌（『ミュージック・マガジン』）に書いてギャラをもらった初めての原稿になった。NRBQ30周年の模様を書きたいんですがと売り込みに行ったら、ちょうど湯浅学さんのサン・ラーについての記事が掲載されていたので、半ページほどのコラムでお邪魔することになったのだ。このときすでにサン・ラーは他界していたが、彼が天から降りてきたときのためにピアノの席は空けてあったのが印象的だった。

そして、いまだに忘れられないのは二日間にわたってスペシャルゲストとして登場した伝説のガールズバンド、シャッグスの再結成に立ち会えたこと。彼女たちは演奏という概念をくつがえすプリミティヴで天真爛漫な名曲群で知られた幻のバンドだった。このときは、ドットとベティのウィギン姉妹と、体調不良のヘレンに代わってドラムを叩いたNRBQのトムという編成。しかも、最前列には姉妹のお母さん、子どもたち、シャッグス三世代が勢揃いしていた。そして「フィロソフィー・オブ・ザ・ワールド」をみんな一緒に歌ってた！　家族の恥じゃない、愛されてるんだ。おそらく生まれて初めて、これほどたくさんの観客の前で演奏する彼女たちに場内は大爆笑と大喝采だった。ぼくも笑った。でも目からは涙が止まらなかった。

1999年は、ハレとケが両極端に分かれた不思議な1年だった。いよいよミレニアムを迎えるにあたって、ぼくの毎日は一文無しどころか絶賛マイナス成長中だったけど、この年がなかったら、いまのぼくはなかった。いや、こうして書いてみると、どの年だって自分の人生からなくすわけにはいかないんだなとつくづく思うけど。

どんな人生でも、起きたことはみんなすばらしい。だけど、世紀をまたいで、まだまだ生活の苦しみは続く。

平成12（2000）年　最高で、残酷で、宙ぶらりの夏

ジョナサン・リッチマン「ザット・サマー・フィーリング」

生まれて初めて確定申告をした。

ライターとして得た収入はごくわずかなものだったが、還付金というものの存在を知った。

とはいえ、このころのぼくの主たる収入は、派遣会社を媒介した椅子工場での仕事だった。映画館やスタジアムの椅子をラインで製造する、その簡単な流れ作業や、できあがった椅子をトラックに積み込む仕事。会社からは常時十数人派遣されていた。

長期で手堅い仕事だったので一度派遣されたら引き続きの勤務を希望する人が多く、だんだんと顔なじみも増えていった。35歳で会社をリストラになった人が派遣チーフで、鳶職だったが体をいためた人、年に数ヶ月集中して働いて旅に出かけるバックパッカーなど、個性のない工場員の群れのように見えて、ひとりひとりの素顔はいろいろだった。

ぼくがライターで食うことを目指していて、渡米もしたということを知って話しかけてきた同年代の人がいた。彼はクラブＤＪを辞めたところだという。「いまは当座の資金つ

なぎでここにいるんですけど、この先は葬儀屋で働こうと思うんです。この先、堅いですよ、葬儀屋は」と彼は言った。あの言葉、十数年くらい時代を先駆けてたな。

工場の仕事を続けられたのには、これまた不思議な縁があった。前の年の秋、今日も工場での退屈なライン仕事だと思っていたら、朝から「ちょっと今日は別現場に行ってくれる？」と指名された。その現場は帝国劇場で、納品した椅子にちょっと故障があって、そのチェックの補助というものだった（万が一のときに代わりの椅子を運び込むとか）。

そのとき、たまたま同乗した製品検査課の社員さんと車中で話になった。走り屋あがりでバイク好きだったその人は、渥美清を若々しくしたような話好きだった。生まれも育ちも武蔵境で、若いころはディスコによく行っていたという。

「ブロンディの『コール・ミー』とか好きでねえ」と、なにげなくその人がもらしたひとことに「いい曲ですよね」とぼくが相槌を打ったら、「え？　知ってるの？　若いのに？」と反応があった。

「いや、もう31だし、そんなに若くないです」

「なんでここにいるの？」

「じつは音楽が好きで、ライターの仕事をしたくて……（ふがふが）」

そんなやりとりがきっかけでその人と親しくなり、ときどき製品検査の仕事で一緒に外に出かけるようになった。

ある日、「松永くんが長くいられるように、検査課で正式に派遣の募集をかけてやるよ」と言ってくれた。検査課の仕事は、主にできあがった製品のチェックで、新作の試作と動作の確認というもの。新製品のチェックを担当しているから、納品先で不具合が出ると出張で修理に出かけるのもこの課の仕事になる。

それ以来、ぼくはベルトコンベアのラインから離れ、工場内の検査室、試作室で時間を過ごすようになった。ぼくを引っ張ってくれたその人がいたのは検査室で、試作室をまかされている社員さんはぼくより年下だったがこの人も寡黙な職人タイプ。だんだんわかったことだが、大量生産のライン担当とは違う、風変わりなアウトローの集まりみたいなムードが検査課にはあった。

ただし、そんな専門的かつ孤立した感じの部署で、ぼくにできる作業は限られている。なので、毎日の主な仕事は「話し相手」だった。

もっと言うと、じつはその人がぼくを検査課に欲しがった理由はもうひとつあった。じつは、その人は欠勤&早退魔だったのだ。朝から検査室に行って、いくら待っていても出勤してこないし、昼休みで実家に帰ったかと思ったらそのまま戻ってこない、なんてザラ。腕はいいんだけど、ちょっとしたスチャラカ社員だったのだ。

昼休みが終わっても戻ってこないので、「困ったなあ」と課長さんとぼくは顔を見合わせるが、ぼくはあくまで検査課に派遣されているのでライン仕事には入れない。「じゃあ、適当に検査室で時間つぶしといて」と、ほっとかれっぱなし。

いまにして思えば、そのほっとかれた時間のおかげで、ぼくは日々のむなしさに押しつぶされずに済んだのかもしれない。そのいっぽうで、ライターの仕事が思うようには増えていかないことに対する焦燥も生まれてはいたけど。

夏が来て、工場での勤務もまる1年を迎えようとするころ、ぼくは課長さんに辞意を申し入れ、了解してもらった。最後の現場は、建築中だったさいたまスーパーアリーナの座席設営。だから、あのアリーナにはぼくがビスを打って設営した椅子が何十脚かある。

辞める当日には、単なる派遣バイトとしては異例の送別会までしてもらった。「また武蔵境に遊びに来たら寄ってな。この工場も長くないと思うけど」と別れ際に言われ、冗談のように笑い合ったが、そのセリフの後半は本当だった。数年のうちに武蔵境工場は閉鎖して更地化され、いまはもう跡形もない。ぼくを救ってくれたあの人も会社を辞めて家業を継ぐことになったと、そのころにもらった年賀状に書いてあった。

その夏、『リズム&ペンシル』は再び稼働する時期を迎えていた。ジョナサン・リッチマンがTHE HIGH-LOWSの招きで来日ツアーを行う。大阪城野音、日比谷野音で行われるフェス〈that summer feeling〉にジョナサンも出演する。

ならば、またパンフを作りたいという気持ちがムラムラと湧いた。

今回は8ページの比較的簡易な内容。甲本ヒロトさんのインタビューを青森まで収録しに行ったり、友人のキングジョーに装画をお願いしたり。さらに言えば、目的のひとつに、大量に在庫したままの『リズム&ペンシル』創刊号を物販で売りたいという狙いもあった。

ところが、数百冊の在庫を梱包してぼくと住田で関西に向かおうとした矢先、スタッフから1本の連絡が入る。

「あの……、申し上げにくいんですが、ジョナサンが『リズム&ペンシル』は物販で売らないでほしい、と言ってまして」

それを聞いて、顔から血の気が引いてゆくふたり。

「『リズム&ペンシル』のことは大好きだけど、自分のライヴに来てくれるお客さんには、よけいなお金は使わずに、純粋に音楽だけを楽しんでもらいたいんだそうです」という説明を受けた。動揺は隠せないし、納得もできてないけど、「それがジョナサンなのだ」と受け入れるしかなかった。

「こ、今回作った、パ、パンフはいいのでしょうか?」とおそるおそるスタッフに聞き返したら、「パンフは無料なので、いいそうです」という答えだった。

「あなたのことは好きよ、でもね」と恋人に言われたような気分。この一件については、その後も考える機会が多い。頑なといえば頑なだし、誠実さといえば誠実さ。じっさい、

2000年代に入ったある時期から、ジョナサンは自国や海外メディアの取材をいっさい受けなくなっていく。その信念がちょうどはっきりとしはじめたころだったのかもしれない。

この年、ライター仕事はすこしだけ軌道に乗りはじめた。意外なオファーだったのは、ハイファイ・レコード・ストアの店主、大江田信さんから「店が運営しているウェブ・マガジンでインタビュー連載をしないか」と声をかけてもらったことだった。

大江田さんのナビゲートで、音楽業界の陰日向で生きてきた人たちの証言をまとめておきたい連載だと聞いたので、タイトルは「20世紀に連れてって」がいいんじゃないかと提案した。最初に、水木まりさん、2回目に菅野ヘッケルさん。この2回目までは、まだ椅子工場で働いていた時期だった。

おなじころ、永井宏さんが主宰されていたワークショップから派生した雑誌にもエッセイを書かないかと、ありがたいお誘いを受けた。しかし、提出したぼくの原稿に対する永井さんの返事は予想外のものだった。

「これではダメです。かっこつけすぎています」

結局その原稿は未掲載となった。あのときの永井さんからの言葉は、ライターとしてお金をもらう仕事をはじめていたぼくにとっては苦く強烈な薬となったし、いまもぜったいに忘れないいましめとして心のなかにある。

椅子工場をやめた2000年の後半は、ふたたび日雇い派遣に戻り、さまざまな現場におもむいた。事務所移転、ポスティング、ユニットバスの設置、大手学習塾のための中学校入学予定者の住民票写し、公団の家賃滞納者の強制撤去。強制撤去は、この会社でもっともダウナーな仕事と言われていた。ぼくが参加したのは1回だけだが、なぜか「おまえは見張り」と指名され、トラックのそばにずっと突っ立っている役目になり、泣き叫ぶ老夫婦の目の前から無言で家財を運び出すような悲惨な現場は目にせずに済んだ。

肉体的にもっともきつかったのは「品川での軽作業」という名目での募集だった港湾の冷凍イカ運搬だった。一袋30キロほどの冷凍イカの袋がタンカーからどんどん降ろされ、それを各市場ごとのパレットに積み分けるというもの。完全に「だまされた！」系の仕事だった。

へとへとになってその日を終えて帰宅する途中、「この仕事は1日入ったら最低1週間はやってもらう契約です」と言われ、そんなの聞いてないと断った。さらに口頭だけでは不安だったので、その夜のうちに深夜バスに飛び乗って名古屋まで逃げた。ちょうど翌日、名古屋でヨ・ラ・テンゴのライヴが行われることになっていた。ヨ・ラ・テンゴはそのときもいまも、ぼくの救いの神だ。

ユニットバスの設置のアシスタントに派遣された日の話も書いておきたい。

設置自体は若い職人さんの仕事で、ぼくはもっぱらワゴンからの資材運びを手伝うのみ。職人さん＋ぼくのふたりで、1日に3現場ほどを回った。職人さんはぼくより年下で、人当たりがよくて安心した。仕事もテキパキとしていて、お昼までに早くもふたつの現場が終わっていた。

昼休みになって、近所のラーメン屋さんに入った。「そういえば、お兄さんはなんでこの仕事（日雇い派遣）をしてるの？　リストラ？」と聞かれた。すこし打ち解けた雰囲気だったので、じつは音楽のライターで食べていこうと思ってるんですと白状した。するとと彼は「へえええ！」と大きな声を出した。バカにしたような素振りもなく、心底感心したような口ぶり。「どんなバンドの仕事してるの？」と聞かれたが、ジョナサン・リッチマンと答えても通じないことはわかりきってるので、「好きなミュージシャンがいて、その人だけの特集で1冊の本を作ったりしました」と伝えた。

すると、彼はすこし姿勢を前のめりにして、ちょっと恥ずかしそうな小声で、こんなことを言った。

「おれもね、すごく好きなバンドがあるんだよ。お兄さんなら知ってるかなあ？　エレファントカシマシっていうんだよ。最近好きになったんだけど」

恥ずかしがるようなことじゃないだろう。エレカシは90年代後半、劇的な復活を遂げて、一躍人気バンドになっていたんだから。ただ、この話を続けていいのかどうか、ぼくはちょっと悩んだ。

90年代のはじめまで、エレカシはぼくのたいせつなバンドだった。いつしか聴かなくなってしまったのは、90年代前半の彼らが陥っていった空回りというか、どん詰まり感があまりに我が身に沁みてしまったからというのがあった。ファンだったらそこを支持してついていくべき時期なのにね。大学を留年しまくっていて未来があんまり見えなくなっていた自分自身と、もがくバンドの姿が重なってしまう感覚をおそれていたのかも。ぼくの気持ちはエレカシからだんだん離れていった。

90年代を折り返したころに「悲しみの果て」や「今宵の月のように」がヒットして、かつては考えられないほど彼らの人気が出たのはひそかにうれしいことだったけどね。

「おれ、大宮フリークスでライヴ見てますよ。89年に吉祥寺ロマン劇場（閉館したポルノ映画館）でやった3デイズも行きました。『珍奇男』を初めてライヴで聴いたときは、こんなにヘンなのに感動する曲がこの世にあるのかと興奮しました」

と、言おうと思ったけどやめた。

そんな自分が、目の前で「こいつなら話せる」と信じてエレカシ好きを告白してくれた職人さんになにか知ったようなことを言うのは、態度として間違ってる気がした。それに、エレカシはブレイクしたけど、ぼくはいまだに無職で金もなくパッとしない。なので、テーブルを立つ前に、ぼくはひとことだけ言った。

「エレカシ、いいバンドですよね」

「そう！　そうなんですよ！」彼の言葉にまたいっそう熱がこもるのがわかった。

午後の現場も早々に終了し、結局予定より2時間近く早く仕事は終了した。派遣なんて頼んだのはなにかの間違いじゃないか？　じっさい、ぼくがいなくてもこの人ならひとりでやれた仕事だろう。つまり、結論からいえば、もうこの職人さんとぼくが会うことは二度とない。そう思えた。

「お兄さん、ライター目指してるんならいい仕事して、いつか宮本さんに取材してくださいよ。そしたら……」

と、そこまで言いかけて、彼は言葉を切った。彼も、もうぼくとは会えないことがわかったのだろう。それからあとは当たり障りのない会話をして、最寄りの駅で車から降ろしてもらった。

結局、いまに至るまでぼくはエレカシ、もしくは宮本浩次の取材はしたことがない。もしもそんなことがあったらあの職人さんにどうにかして伝えたいと思うけど。また会えたら、そのときはぼくも「珍奇男」や吉祥寺ロマン劇場の話をしよう。

秋になって、ハイファイ・レコード・ストアから「1日だけ、どうしてもスタッフが手配できない日があるから、店番をしてくれないか。座ってるだけでいいし、給料は払います」という依頼を受けた。その日、約2年ぶりに、しかも渋谷にあるレコード屋のカウンターに、ぼくは立った。ディスクユニオンやHMVだけでなく、タワーレコードにもやんわりバイトを断られていたし、もうレコードにかかわる仕事は一生できないと思っていたから、すごく不思議な気分だった。

そんないくぶん前向きな出来事もありつつ暮れていったこの年、ぼくの経済状態はついに破綻を迎えていた。学生ローンからサラ金へと流れて、もう正式にお金を借りるすべはない。しかし、結婚以来帰っていない両家の実家に顔を見せなくてはいけないという年の瀬でもあった。

意を決して、電話ボックスで見た「どんな状況の人でもご融資します」と書いてあった小さなチラシの番号にその場で電話した。愛想のいい声の男性が新宿駅南口の近くの住所を教えてくれた。

看板もないビルの一室で、その高利貸しは営業をしていた。さっきの電話を受けた男性は、どう見てもぼくより年若。「どうぞ」と言われ腰掛けると、さっそく本題に。

「あなたの（借金の）履歴を調べさせてもらいました。真っ黒ですね。こりゃ普通貸せませんよ。いくら欲しいんですか？」

ちょっとくだけたような口調に逆に凄みを感じた。

「帰省しないといけないんで、とりあえず10万お願いします」と、ぼくは言った。

するとと男は「三日で一割」と言い放った。

「え？」とたじろぐぼく。それを尻目に彼は続けた。

「いいか、おまえの信用だと、おれたちはそうするしかない。三日で一割。おまえが正月、実家で親戚にいい顔してる間に利子は3万にはなるかもな。帰ってきて全額13万円、払えるのかな？　払えないだろう？　ぜったい払えないよ、おまえみたいなやつは」

口調はすっかり強いものに変わっていた。黙ったままで冷や汗をかいているぼくに向かって、彼はさらにこう言った。

「おれが、いちばんいい方法を教えてやる。おまえ、家に帰って奥さんに正直に言うんだ。『今年は金がないから帰れない』ってな。うちから金を借りるのはやめろ。いまならおまえから申し込みがあったこと自体をおれがもみ消しといてやる」

予期せぬ展開に、ぼくは固まってしまった。

「どうした！　聞こえないのか？　おまえに金は貸さない。だから、このままさっさと帰れ！　誰か来ないうちにな！」

その剣幕に、「ひぃ！」と声をあげんばかりにぼくは立ち上がり、ほうほうのていでビルから逃げ出した。そして、家に帰って、奥さんに「今年は金がないから帰れない」と告白した。彼女は「そりゃそうだろうさ」と安心したような呆れたような返事で、結局ひとりで里帰りしていった。ぼくは正月の生活費を作るために、残っていたなけなしのレコードを売り払った。

結論からいえば、あの高利貸しの若者が、ぼくを本当のどん底への転落から救ってくれたのだ。ひとり残ったアパートで夕暮れにベランダから富士山が見えて、ぼくはさめざめと泣いてしまったけど、それは安堵の涙でもあった。

この年の1曲は難しい。だけど、やっぱりジョナサン・リッチマンの「ザット・サマー・フィーリング」かな。

最高で、残酷で、宙ぶらりの夏。大規模なツアーのタイトルにまで掲げられ、THE HIGH-LOWSの甲本ヒロトさんもファンも当然やるよねと待ち望んでいたのに、ジョナサンがこの名曲をやったのは、いちばん小さなキャパの京都磔磔での1回限り。その不思議な頑なさも、ぼくのなかに教えのように横たわったままだ。

平成13（2001）年　捨てる神、拾う神

ロン・セクスミス「スノーバード」

捨てる神あれば拾う神あり。2001年、ぼくはいろんな神に拾われた。

まず、定期的な仕事が決まった。ぼくのていたらくを見かねたのだろう。ハイファイ・レコード・ストアの大江田さんが声をかけてくれ、1月から週3、4日ほどだがハイファイで働くことになった。

ただし、その時間は正午から午後3時までの3時間だけ。得られる収入は多くはなかった。だけど、そのわずかな時間が心のリハビリにはなった。空いた時間は、引き続き派遣でときどき働いて穴埋めした（例の椅子工場の募集もあったが、それは断った）。

この1月には、リズム&ペンシルでまたパンフを作った。

クレイジーケンバンド（CKB）のギタリスト、小野瀬雅生さんこと「のっさん」のファースト・ソロ『小野瀬雅生ショウ』発売を記念したライヴのために。

CKBを初めて見たのは、忘れもしない1999年9月14日、原宿クロコダイル。川勝正幸さんの代打で『TV Bros.』にCKBについて安田謙一さんが書いたコラムを読んだの

が98年。それからなんとなく気になっていたＣＫＢのアルバム『goldfish bowl』を、当時吉祥寺にあったバナナ・レコードで格安で手に入れた。そのハイクオリティでムラムラする世界観に電撃的に感動したぼくは、数日後にクロコダイルでライヴが行われることを知り、当日券で出かけた。そのとき、ＣＫＢ本編（三部構成だった）のインターミッションに出てきて、トリオ編成でキング・クリムゾンの「レッド」をそのまんまカヴァーし、忘れられないインパクトをぼくに残した謎の怪人ギタリストがのっさんだった。

のっさんのためにパンフを作ろうと決めたのはライヴまで1ヶ月を切ったくらい。ほぼ面識はなかったが、細いツテをたどって「パンフ作りたいんですが」と持ちかけたら、とても喜んで快諾してくれた。以降、本人／ＣＫＢメンバー取材を重ね、ＮＲＢＱのとき以上に短いスパンで順調に制作を進めた。

しかし、ぼくとしては完成にあたってなんとしても手に入れたいものがあった。パンフのタイトルは『小野瀬雅生読本』と決めていたが、その題字を、ある人に書いてほしかった。その人とは、実相寺昭雄。

のっさんが大のウルトラセブン好きだと取材を通じて知ったこともあり、直感的に「実相寺さんに書いてもらおう」と決めた。もちろん面識はない。だが、ご著書からお住まいの区域がなんとなくわかったので、図書館まで東京23区の電話帳を調べに行った。変わった名字だし、芸能人というわけでもないし、もしかしてあのくらいの年配の方なら電話帳にご住所を掲載されているのではないか……と。

そしたら、あった。ありました！

その場で便箋に依頼文を書き、のっさんのアルバムの音源も添えて（CDをお持ちでない場合も想定して、コピーしたカセットも同封し）、実相寺さんと思われる住所にダメ元で送った。そしたら、意外にもすぐに返事が来た。ただし、葉書に達筆で書かれた文面は「今の時期はいろいろなプロジェクトがあり、難しい」だった。

待て待て。考えろ。「断りの返事がくるということは脈ありということだ」という（ハタ迷惑な）取材の極意を以前に聞いたことがあるだろ。なので、ぼくもそれにならって粘ることにして、「そこをなんとかお願いします」とさらに手紙を書いた。

1週間ほどして、大きくてひらたい包みが実相寺さんから届いた。興奮して開けると、「小野瀬雅生読本」と揮毫《きごう》された和紙が……。

こういう仕事をしてるといろんな奇跡を感じる瞬間あるけど、あのときくらいうれしさと驚きで大きな声が出たことはないかも。

2月、1日3時間の勤務を続けていたハイファイで、「アメリカ買付に行かないか」と声をかけてもらった。

最初は「ぼく以外にフルタイムのスタッフがふたりいるのに、なぜ？」という気持ちが強かった。わけを聞くと、ひとりが春で辞める予定であると知らされ、どうやらこの買付を経て、ぼくがその後釜になれそうだという話だった。そんなありがたい話はない。

正直、自分のセンスが通用するのか不安も大きかったけど、収入が安定するということの喜びのほうが勝っていたかも。

最初に買付で行った街はオレゴン州ポートランドだった。だから、ぼくにはポートランドは永遠に忘れられない街だ。


このころ、永井宏さんから、友人であるシンガー・ソングライター中川五郎さんと永井さんの対談を1冊の本にまとめる手伝いをしてほしいという連絡をもらった。前年、原稿が却下された1件以来、連絡をとるのも気後れしていたぼくにとっては永井さんから許しがもらえた助け舟みたいなもので、喜んで依頼を受けた。

1回2、3時間の対談を4回ほどやったかな。その1回に使った渋谷の喫茶店、茶亭羽《さていは》當《とう》は、いまもぼくのお気に入り。その対談は『友人のような音楽』として夏に出版されることになった。

本にまとめるにあたって、光栄なことにあとがきを書かせてもらえることになった。その文章を褒めてもらったとき、ようやく永井さんに本当に認めてもらったと感じた。

『友人のような音楽』は、ぼくにとって、一般流通の出版社から出た単行本に1冊まるまるかかわった最初の本になった。もちろん、あとがきを書いたのも人生で初めてだった。

春になったころ、ハイファイではぼくの歓迎会が行われることになった。その夜は、ぼくと入れ替わりでバイトを辞めるスタッフの送別会も兼ねていた。

ところがその夜、その席で、お店に残るはずだったもうひとりの頼れるスタッフが「おれハイファイ辞めます！　そして自分の店を出します」と宣言したのだ。

そこから先は祝賀ムードは完全に消し飛び、「辞める」「辞めるな」の不穏な話し合いに。いたたまれなくなったぼくは痛飲し、眠りこけ、最後にトイレで吐いた。

だけど、彼の宣言に対しては、ぼくはなにも異論はなかった。自分の人生だもの。そういう決断があっていい（切り出すタイミングの選択は考えようがあったかもしれないけど）。ぼく自身も、ハイファイにお世話になるにあたっては、当初は「5年をめどに考えます」と伝えていた。ライターでやっていきたいという気持ちは引き続き強かったし、自分のそれまでの人生でも5年以上続けた仕事はなかったからだ。

結局、話し合いの末、独立する彼には8月まで働いてもらい、それ以降はぼくと大江田さんのふたり体制でハイファイを続けると決まった。また、ちょうどその8月にお店の移転も急に決まった。

ファイヤー通りの古びた木造長屋の2階にあった前の店は、90年代に大きく注目された渋谷のレコード文化のなかでも独自の魅力を放っていた。以前の店構えのファンもいれば、以前のスタッフのファンも多く、かなりの常連がこの時期に姿を消したんだろうなと思う。以前の店から近い場所とはいえ、まるっきり様子が変わった店内で、客足も遠のいた実感があった。

でも、それはぼくが考えてもしかたのないことだった。そして、以前のスタッフが得意にしていたのとおなじようなタイプのレコードを、ぼくがさも知ったふうに売り続けるというのも難しいことだった。この先、どんなレコードを売っていけばいいのか？　ゆっくりとハイファイの空気に慣れ親しんでいくつもりが、いきなり店主の大江田さんとぼくだけになってしまい、心細さも強かった。

しかし、ハイファイから独立した彼が組む新バンドに、ぼくが誘われてしまうのだから人生はわからない。彼が下北沢にひらく予定のあたらしい店内で、ひそかにそのバンドの練習がはじまった。

メンバーは3人。そのうち、ちゃんと楽器の覚えがあるメンバーがひとり（彼）、ノコギリが弾けるメンバーがひとり、そして、高校時代にギターを買ったものの、基本的なコードを覚えたところで挫折したメンバーがひとり（ぼく）。

「これではたして成立するのかな？」と思いながら、ある晩、初めての練習が行われた。

その途中で、誰かの携帯電話が鳴った。ノコギリ担当のメンバーが電話でしばらく話した後、神妙そうな顔で言った。

「なんか、おれの姉ちゃんが『ニューヨークでビルに飛行機が突っ込んで、新宿の高層ビル街も狙われてるらしいから気をつけろ』って言ってるんですけど」

「はあ？　なにそれ？」とぼくらは笑った。

その日は1曲録音して（初練習なのに）、そのテイクはのちに30本限定でリリースされたこのバンドのファースト・カセットに収録された。

その後、電車に乗って下北沢駅から新宿駅、阿佐ヶ谷駅と移動した。駅に着いたらみんな早足で、なんだか様子がおかしい。明らかに家路を急いでいる感じ。

当時スマホがあったなら、誰もがリアルタイムであのニュースを見て、もっと都会は戦慄していただろう。解せない気分のまま、ぼくはほろ酔いで家に帰った。

家に着くと、奥さんがめずらしくテレビをつけっぱなしにしていた。テレビは、ワールドトレードセンターの双子ビルに飛行機が突っ込む映像を流していた。

そのとき、直感的に思ったのは、「あ、世界終わった。おれの新しい仕事（アメリカでのレコード買付）も終わった」だった。２００１年9月11日。

しかし、世界は終わらなかった。

じつは、このときリズム&ペンシルでは、ニューヨークのシンガー・ソングライター、マーシャル・クレンショウの来日ツアーを（パンフで）サポートすることになっていた。名古屋でマーシャルのファンジン『TWANG!』を主宰されていた方の個人による招聘で、そういう話を聞くと、「じゃ、パンフやります（無償で）」とムズムズ動き出すのが当時のリズム&ペンシルだった。

ただ、その来日予定日が、9・11から約2週間後だったのだ。日常の移動さえままならないニューヨークから、はたして無事に来日できるのか？　なかなかツアーの決行が決断できない状態だった。最終的に「来日できる！」という報せが届いたのは、数日前じゃなかったかな？　そこから一気にパンフを刷り上げたのを覚えている。

想定より薄い紙質だし、予定と違ってコピー印刷になってしまったけど、表紙に描かれたマーシャルのイラストのハートの部分に缶バッジを自分たちで刺し込んだ仕様は、いまでもかなり気に入っている。

世界が終わらなかったので、10月末から11月にかけてはレコードの買付も再開された。ただし、次にいつ行けるか状況はいまだ不透明ということで、思い切って3週間の長い日程が組まれた。

この旅でドライバーを務めたのは、かつて中野でぼくと一緒に父から叱責を受けた弟だった。ぼくがハイファイで働くことが決まったのとおなじころ、祖父の代から続いてきた家業が清算終了した。将来は実家を継いで社長になる予定だった弟は、大学時代を過ごした東京に戻ることを決め、しばらくぼくの家に居候し、ぶらぶらしていたのだ。

そういえば、この年の春、父があらためて家業の清算についてぼくに説明するために上京してきたことがあった。弟もその場に同席した。あの中野での叱責から、ちょうど10年が経っていた。

新宿の居酒屋の個室で、あの日のように面と向かったぼくらに対し、父は「すまん」と頭を下げた。父がぼくらに頭を下げるなんて想像もしていなかった。むしろ学生時代にさんざん迷惑をかけたのはこちらじゃないか。

その日は、みんなで酒を飲んだ。ビジネスホテルに泊まる父と新宿駅で別れるとき、山手線の階段を上がっていく父の姿が見えなくなった直後、弟が人目もはばからず泣き出した。声にならない嗚咽をあげていた。

「親父が、初めておれに『すまん』って言うた。そんなこと言わんでいいのに」と、弟はしゃくりあげながら泣きに泣いた。

ぼくも本当は泣きたかったけど、この夜は弟をなぐさめる側にまわった。平日の夜のごった返すコンコースの片隅で、ぼくらはそのまま15分くらい立ち尽くしていた。

そうだ。この年、ぼくら兄弟にまつわる話で、書いておくべきことがもうひとつある。弟がまだうちに居候していたある夜のこと。テレビを見ていたら、新宿の歌舞伎町で火災があり多くの人が亡くなったというニュース速報が流れた。

その画面を見て、ぼくと弟は戦慄した。

「あ、あにき! ここ『麻雀道場』のビル!」

そう、東京に戻ってからの弟はしばらくはリズム&ペンシルの住田の斡旋でパチプロの手伝いをしたりしながら、気晴らしに歌舞伎町の雑居ビルにある、麻雀ゲームでハイリスクなギャンブルをする店に通いつめていたのだ。ぼくも弟に誘われて何度か一緒に行ったが、店内の異様なムードは忘れようとしても忘れられない。

ハイテンションのダンスビートが大音量で流れるなか、サラリーマンや中年男性が黙々と麻雀ゲームに向かう(昔なつかしいゲーセン仕様だった)。断続的に聞こえるビコン、ビコンという電子音。店内後方に立っている店員たちはスーツにハッピ、ハチマキといういでたち。

「がんばってくださーい!」

「がんばってくださーい!」

「カツ丼(注文)入りましたー!」

「赤の倍満(高得点)入りましたー!」

あらん限りの大声で彼らは断続的に叫び、客を応援し続ける。ハイリターンを得るためにはそれなりの資金でポイントを購入するしかなく、たいていの客は短時間で数万から数十万を使っているはずだった。店内で注文するフードはすべて無料だったが、裏を返せば一杯のカツ丼にお客は何万円も払っているようなものだった。

とはいえ、日常生活で、あれほど「がんばってくださーい！」と叱咤激励される場面はない。「これがね、たまらなく脳汁が出るのよ」と弟はよく言っていた。

東京に戻ってはきたものの無職の苦悩もあった弟には、即効性のあるエナジードリンクみたいに思えていたんだろう。定職を得たことで借金の返済も徐々に進み、すこしだけ生活に余裕も見えはじめていたが、ぼくにだって無職時代の鬱憤を晴らしたいという気持ちは少なからずはあったかもしれない。弟には内緒でこっそりひとりだけで行ったこともあった。

その「麻雀道場」のあったビルが、テレビに映る火災現場だったのだ。おなじビルにあった風俗店の客が多数被害に遭ったと報道されていたが、ぼくと弟は目を見合わせて、おなじことを思った。あの「がんばってくださーい！」の人たちも、ひどい目に遭った（あるいは、亡くなった）のではないか。

なにより、ぼくらはつい最近もその店に行っていたのだ。それが今夜じゃなかった保証はどこにもない。まさに捨てる神あれば拾う神あり。ぼくらは神様の気まぐれに命を拾われた。

年も押し迫ったクリスマス直前、リズム&ペンシルでもう1冊パンフを作った。京都の放送局KBS京都の50周年を記念し、二日間にわたってCKBや遠藤賢司、高田渡らが出演する豪華なイベント〈KYOTO EXPERIENCE〉のためのパンフだった。リズム&ペンシルのぼく以外のふたりが京都出身/予備校時代に京都在住という背景もあり引き受けた仕事だったが、彼らが多忙だったので、実質的な作業はぼくひとりで担当した。

イベントを主催する若いディレクターの尽力で京都のいろんなお店からひとくちずつ小さな広告で協賛してもらったし、歴代の名物ディレクターや関係者に話を聞くのも楽しかった。たしか、このイベントに向けて社内アーカイヴに残った音源をスタッフがサルベージしたら、村八分の秘蔵セッションなどが見つかったのではなかったか。

このパンフでは、KBSにゆかりの深いラジオ・パーソナリティ、つボイノリオさんが「字が下手」なのが長年のコンプレックスだと聞いたので、あえて題字をつボイさんにお願いした。勢いがあっていい字じゃないかとぼくは思ったけど。

2001年は、実相寺昭雄さんの題字にはじまり、つボイノリオさんの題字で終わった。

2001年の1曲は、ロン・セクスミスの「スノーバード」。

ハイファイに入って2回目の買付で訪れたミシガン州アンアーバーで、カーラジオから流れてきたスタジオライヴで彼が歌った曲だった。この曲のことは『友人のような音楽』のあとがきにも書いた。

あれってスタジオ・ヴァージョンはあるのかな？　そのとき1回しか聴いてないし、YouTubeもサブスクリプションもない時代に聴いたのに、いまも昨日聴いたみたいにはっきりと思い出せる。

第3章

平成14(2002)年　どっちがバンド名なんだ?

ニルソン「スノー」

ハイファイ・レコード・ストアの商品構成や流儀をだんだん学ぶつもりだったのに、急に「おまえが、これからやれ」状態になったのが2001年の夏。店も山手線をはさんだ明治通り側のビルの3階に引っ越し、新スタッフも加わった。いまにして思えば、この引っ越しは、以前のやりかたやレコードの傾向に縛られずにやっていくうえでは、むしろいいことだったかもしれない(とはいえ、しばらく苦心は続く)。

ひとつヒントにしたのは、ディスクファンで働いていたときに、店長が「売れないけど好きだ」と言っていたタイプの音楽を思い出すことだった。日本で人気の高いハードバップではないアレンジされたコンボ・ジャズや、見過ごされているスターたちのヴォーカルもの、華やかで洗練されたコーラスものといった1950年代前後のアメリカ音楽を、ぼくもあの店にいた時代にずいぶん勉強して好きになっていたのだ(たしかに、ディスクファンではぜんぜん売れなかったけど)。

90年代のハイファイは「モンド」で「AOR」で「ハワイ」で「シンガー・ソングライ

ター」の店だったし、そこから急にターンしてしまうつもりはなかったけど、もっとその隙間にあるようなサウンドや、先鋭的なジャンルや作品の陰で見過ごされてきたレコードを提示する必要もあった。大江田さんも「松永くんがいいと思うレコードを売っていくことが大事」と背中を押してくれた。たぶん、そこがぼくなりの反撃のスタートになるという予感もあった。

もっとも、すべてが急にうまくいったわけじゃない。なんとかかたちになっていくまでは、たぶん、2、3年かかった。その苦しい期間の売上を助けてくれたのは、もっと単純なこと。つまり、インターネットの進化だ。

ぼくがハイファイに入ったころには、文字だけのファイルをアップするだけで毎晩30分以上かかっていたのに、このころにはすでに小さいジャケット写真をネット上の商品に添えることが可能になり、すこし後には試聴ファイルもつけられるようになった。

写真と音がつくことで、爆発的にレコードのネット市場は広がった。あたらしいハイファイの色を作るための助走期間に、この進化がくれた時間の猶予はなくてはならないものだった。

ライターとしてこの年に思い出深い仕事は、『Quick Japan』で初めて担当した取材でもあったクレイジーケンバンドの「横山剣欠席裁判」。

取材を担当してくれたのは当時の編集長だった北尾修一さんで、当日、渋谷公会堂前で待ち合わせした。驚いたのは、ぼくが北尾さんの顔にはっきりと見覚えがあったこと。北尾さんは覚えていなかったけど、大学1年のときに彼とぼくは一瞬だけおなじサークル、つまりマイルストーンにいたことがあったのだ。

いまではなかなか予約がとれない横浜長者町のライヴバーFRIDAYでずっと行われているCKBのライヴにも、このころ何度か行っている。深夜に及ぶライヴを最後まで見ると東京方面への終電はなくなる。だから、4人で行ってタクシーで割り勘にして都内まで帰ったりしていた。

そういう友人たちのなかに、国書刊行会に就職した樽本周馬くんがいた。関西の大学を卒業して東京にやって来た彼とは、安田謙一さんの紹介で知り合ったと記憶している。あるとき彼から「小説の翻訳をする気はあるか」と聞かれた。きっかけは、ニルソンの『ニルソン・シングス・ニューマン』で、ジャン&ディーンのディーン・トーレンス(ディーンはあのアルバムのジャケット・デザインを手がけている)が書いた英文のライナーノーツをひまな時間に訳して友人たちに送りつけていたのを、樽本くんが読んだことだった。翻訳という仕事に興味はあったものの、本格的な小説を訳したことは当然ながらなかった。でも、読書家として一目置いている彼の依頼なら断りたくなかった。

しかも、「誰の小説?」と聞くと、「テリー・サザーンの短編集『レッド・ダート・マリファナ』です」との答え。

テリー・サザーンといえば、アメリカきってのヒップスターであり、謎めいた人物でもある。まったくのぐうぜんだったが、たまたまアメリカでレコード買付をしているときに見つけて買った古本のジャズ小説アンソロジーに、サザーンの「ユー・アー・トゥー・ヒップ、ベイビー（ヒップすぎるぜ）」という短編が入っていた。不思議な味わいのある内容がとても好きで、『レッド・ダート・マリファナ』には、その「ヒップすぎるぜ」も入っていた。

とはいえ、「やるやる！」とふたつ返事で受けたわけでもない。だって、翻訳ですよ？　ぼくは英語の読み書きにはすこし自信があったけど、本格的にきちんと学んだわけじゃない。そもそも、翻訳小説の世界でも「おまえ誰？」だろう。

しかし、「そんなことはなんの関係もない、あなたの訳で読みたいからお願いするのだ」という内容のことを言われ、「やってみます」と承諾した。本格的に取り掛かるのは２００３年に入ってからになる。

この年の秋、ＮＲＢＱの四度目となるジャパン・ツアーが行われた。今回、彼らの友人だというシンガー・ソングライター、Ｐ・Ｊ・オコネルが同行していた。ツアーでは何曲か彼のゲストコーナーが設けられたし、ＮＲＢＱがバックを務めた彼の最新アルバム『ハッピー・ゴー・ラッキー』も来日記念盤としてリリースされた。

P・Jこと「パットさん」とぼくが初めて会ったのは、もうすこし前。1999年にNRBQの30周年記念ライヴを見るためにニューヨークまで行ったときだ。トムの友人として紹介されたパットさんは当時40代半ばだったはずだが、白髪の目立つふくよかな見た目は実年齢よりずいぶんと上に見えた。トムは「彼は最高のミュージシャンなんだよ」と紹介してくれたけど、ぼくは「本当に?」といぶかしがってもいた。失礼な話だよね。

じっさいにパットさんが歌うのを聴いたのは、この来日が初めてだった。彼の音楽は、無骨だがやんちゃでストレートかつセンチメンタルなポップ・ソングがほとんどだった。年齢に見合った貫禄よりも、ビートルズをリアルタイムで受け止めた時代に思春期を過ごしたアメリカの少年が抱いた夢がそのまま続いているような気分にさせてくれるものだ。目を見張るほどのメロディやコード展開があるわけではないんだけど、「かっこいい曲ができた」とか「ギター弾いて気持ちよかった」という最初の瞬間の快感と直接触れ合い続けている気持ち良さがあった。

2000年代後半、ぼくがトムの家に何度かホームステイしていたときも、パットさんはときどき顔を出してくれた。彼は、健康的な生活をしていたとは言い難いトムの体調をずっと心配してくれていたたいせつな友人のひとりだったし、どんなときであれ一貫してトムの味方だった。

パットさんがかつて交通事故でお子さんを亡くしたとトムから聞いたのは、もうすこしあとのこと。多額の慰謝料を手にしたものの、心身ともに喪失感と後遺症に苦しみながら生きているのだと教わった。イージーゴーイングなロックおやじというのとは違う陰影みたいなものをときどき表情から感じていたのは、ぼくにもその苦しみの一端がすこしだけ見えていたからかもしれない。

日本でNRBQのライヴにゲストでパットさんが出てきたとき、正直言って、客席には「え？　ただの友達連れてきたの？」というような怪訝そうな雰囲気があった。最初にトムに紹介されたときに、ぼくが感じたのとおなじような感覚。世界を変える音楽じゃないし、客席の空気を一変させることができたわけでもない。

でも、パットさんはそんな視線を（あるいは無視を）ものともせず、顔をくしゃくしゃにしてうれしそうに歌った。自分が作った曲が遠い日本で見知らぬ人たちに届くことは奇跡だ。理由なんかなんでもいい。そこには「すごい音楽」や「新しい音楽」だというだけでは超えられない不屈が永遠にあった。


前年の9月11日にハイファイの元スタッフと結成したバンドは、この年もマイペースに練習と録音を続けていた。練習場所は下北沢のレコード屋の店内。途中からは、あまりにも演奏力に問題があるので、ちゃんと弾けるギタリストも参加し、4人組になっていた。

この年の暮れだったと思う。練習中に、店内で見慣れないCDが置いてあった。赤いジャケットに花札のようなイラストと解読不能の文字。そして、緑色のオビ。

オビには「七七日の旅道具／あけてびっくり小躍りします。目盛りは思う様目一杯右へ。」と書いてある。「？」と気になったけど、これが何かは聞かずにおいた。ハイファイを辞めて自分の店で自分の世界をしっかりと作っていた彼への、ぼくなりの張り合いというか、嫉妬心でもあった。

でも、こう思っていたのも本当だ。

「おもしろそうなCD置いてんな。メンバーの人が持ってきたのかな？　この人たち、ハイファイには持ってきてくれないのかな？」

オビの背には、こう書いてあった。

「SAKEROCK / YUTA」

どっちがバンド名なんだ？　それがわかるのは、もうすこししてからの話。

2002年の1曲は、ニルソンの「スノー」。

いちばん好きな冬の曲。さみしい雪の曲。A＆Mレコードのキュートなフレンチ娘クロディーヌ・ロンジェも歌ったランディ・ニューマンの曲。

じつはこれをニルソンもカヴァーしていた。このころCDで出た『ニルソン・シングス・ニューマン』のデラックス・エディションにボーナストラックとして、未発表だったニルソン版が収められていた。そのCDこそが、ぼくに翻訳仕事が舞い込むきっかけの1枚だった。

平成15（2003）年　そのバンドの名は
SAKEROCK「マジックアワー」

その日そのとき（2003年の2月）、ぼくはなぜかハイファイにひとりで勤務していた。午後だった。たいていはふたりシフトで入っているので、もうひとりのスタッフが休憩に出ていた時間帯だったかもしれない。

ひとりの青年がお店にやって来て、「聴いてほしいCDがある」とカバンから1枚取り出した。その赤いCDには見覚えがあった。バンドの練習で、いつも気になっていた赤いジャケット。

「あのCDの子、やっと来た！」と心中では思ったが、そんなそぶりは見せない。

いま考えれば、ここからも不思議な話だ。ハイファイはそういう類の売り込み話は少なくないお店だったので、たいていの場合（友人知人ではない場合）は、いったん預かって「後日返事します」と言い渡して帰っていただく。そして、店長と「うーん、どうしよう」と話し合って扱うかどうかを決めるのが常だった。

でも、なぜかこの日は、その場でCDを聴く気になったのだ。見かけて以来気になっていて、ひそかに聴いてみたいという強い気持ちがあったんだろう。

彼にちょっと待っていてもらい、奥の作業場でPCに取り込み、ヘッドホンで聴いた。最初は「なんだこりゃ？」と笑い、スキップしながら何曲か聴いたかな。そこで聴くのをやめた。もう十分だった。これはすごい。彼に返事した。

「扱います。よろしくお願いします」

ぼくひとりだけで決めてしまった。

SAKEROCKは4人組のバンドで、当時メンバーはみな、20代前半だった。アルバム『YUTA』のレコーディング時は、もうひとりキーボードのメンバーがいたのだが、この時点ではすでに脱退していた。3月に行われるメンバーが4人になってから初めてのライヴ（吉祥寺スターパインズカフェ）では、とりあえずサックスの人に手伝ってもらうのだという。

CDを持って来た彼はいま渋谷で舞台の仕事をやっている最中で、そのマチネーがない日にハイファイに来てみたと言っていた。

「へえ、役者もやるんだね」と軽い気持ちで相槌を打ったが、彼が見せてくれたフライヤーが中村勘九郎（のちの勘三郎）が出演している大人計画の大きな興行だったので、びっくりした。タイトルは『ニンゲン御破産』。

彼は星野源と名乗った。

その日がぼくと源くん、そしてSAKEROCKとのはじめての出会い。そのあとの話は長くて濃いし、1年ごとの話を書いていくとこの記録の大半が埋まってしまう（すくなくともここからの数年は）。なので多少の省略をご勘弁してほしい。

もし、手元に２００６年10月発売の『Quick Japan』の68号がある人は、「わかっちゃいるけどやめられない」という、ぼくが担当したSAKEROCK特集（全員インタビューをもとにした記事）を読んでもらえると、当時のことが結構わかると思う。

リアルタイムの記録としてなら、２００３年６月発売の49号（クレイジーケンバンドが表紙）に掲載のコラム「平均年齢22歳の変態インストカルテット　サケロック」も貴重な記事だ。SAKEROCKが一般流通に乗る雑誌ではじめて活字になったのは、この文章で間違いないと思う（青山の青い部屋で行われたライヴ後に、SAKEROCKを見に来ていた松尾スズキさんを直撃してコメントをいただいたりした）。２０００年代前半から半ばにかけて、SAKEROCKのことをまともにスペースを取って書かせてくれる雑誌は『Quick Japan』しかなかった。

このころ、高円寺のペンギンハウスで行われたライヴで、対バンのメンバーだった女の子が感極まって、客席から「SAKEROCK、フジロックに出れるよ！」と叫んだことがある。そんなことがまだおとぎ話に思えたのが、２００３年だった。

そうだ、たしかこんなこともあった。この時期、インターＦＭの深夜に『TV PARTY

MIDNITE?』という番組があった。DJのマイク・ロジャースが平日夜11時から午前2時までやっていた、最高に狂ったプログラム。マイクは日本語と英語をチャンポンにした痛烈なトークをしながら、普通にラジオでは流れない曲をがんがんにかけ続けていた。

マイクとぼくが知り合ったのも『Quick Japan』で彼のことをぼくがコラムに書いたからだ。その生放送に、あるときぼくと源くんで生出演した。そのときかけてもらった「チャイニーズスケーター」がSAKEROCKの初ラジオ・オンエアだったはずだけど、さすがにそれを聴いていた人（聴いていたとしても覚えている人）は、もういないだろうな。


『Quick Japan』といえば、2月に出た47号も思い出深い。

スピードスターからメジャーデビューを果たしたスクービードゥーの特集で、表紙はコヤマシュウ。メンバー全員のインタビューをぼくが担当した。

じつは彼らはぼくがかつて働いていたディスクファンの常連客だった。とくにMOBYのことはよく覚えていた。彼は当時から人懐っこい性格で、いろいろ質問されてよく話した記憶がある。コヤマシュウはとても寡黙で繊細な印象で、のちにステージで歌う姿を見たときはそのギャップにめちゃめちゃ驚いたものだった。

彼らのメジャーデビュー・アルバムのレコ発が、当時まだ新宿歌舞伎町にあったリキッドルームで行われたとき、ライヴが終わって、声をかけてくれた人がいた。

「『Quick Japan』編集部の森山裕之です」と、彼は名乗った。

初対面なのに森山さんはぼくのことを知っていた。『リズム&ペンシル』のファンなのだという。この業界であの雑誌のことを言われたのは、たぶんこのときが初めてで、素直にうれしかった。当時、森山さんはまだ『Quick Japan』編集部に入ったばかりだったが、しばらくして編集長に抜擢されることになる。ぼくがSAKEROCKの記事を『Quick Japan』でいろいろ書けたのは、森山さんのおかげだったことは間違いない。

この年、リズム&ペンシルでも大事な仕事がひとつあった。

放送作家の高橋洋二さんからの依頼で、12月に行われる〈渚ようこリサイタル～マイ・ビューティリオン2003〉のパンフを制作することになったのだ。

今回は、渚ようこの世界を理解した作り手も必要ということで、デザイナーの藤原かなさんとの共同編集というかたちをとり、主にテキスト・ページをぼくが担当した。

ようこさんがゴールデン街で営んでいたバー「汀《なぎさ》」の常連さんたちの鼎談「夜ごとのてい談―『汀』にて」、一問一答をぶつけた「ようこの七七連想」、キングジョーとぼくで合作した『ホモホモ7』オマージュな1ページ漫画「渚ようこ危機一髪!」など、いまもお気に入りのページが多い。『リズム&ペンシル』創刊号の広告が半ページ載っているのは、在庫の多さに悩んでいたからだった。

２００３年の最後は、ふたたびSAKEROCKの話になる。

当時、奥さんがバイトしていた高円寺のお店、円盤で、年末に彼女がSAKEROCKの企画をやることになった。ぼくもこの企画に関わり、アコースティック・イベント〈IKKAIKI〉というタイトルでSAKEROCKの変則的なワンマンをやることに決まった。前座としてハマケンこと浜野謙太のソロ・コーナー（カラオケを自分で流す「押し語り」）も行われ、そこで「京都」が歌われた。森山直太朗の「夏の終わり」や山下達郎「アトムの子」もカヴァーしていたっけ。「アトムの子」を歌ってる途中でメンバーが入って来て、そのままSAKEROCKの演奏がはじまる構成だったと記憶している。

ハマケンが歌ったオリジナル「京都」は、いまでは彼が率いる在日ファンクのライヴでも大人気の曲だけど、この当時はまだ誰も知らない。デザインと一部の曲目を変更したリニューアル版の『ＹＵＴＡ』のボーナストラックとして、かろうじてさわりだけ聴くことができたくらいだったかな。

リニューアル版『ＹＵＴＡ』は、オリジナルの赤いジャケットで千枚が完売したことを受けて、この年の12月に発売された。オリジナル版では裏ジャケに使われていた杉浦茂オマージュふうのイラストによるメンバーたちの姿を表にして、色合いもクリアーにしたかわいらしいデザインになった。

ちなみに、そのリニューアル版『ＹＵＴＡ』のデザインを担当したのは、ディスクファン退職後の職業訓練でDTPを学んだぼくの奥さんだった。ライナーノーツは、オリジナル版に掲載されていた臼杵成晃さん（彼こそ本当の第一発見者）の文章と、新装版ということでぼくのライナーもあらたに付け加えた。

今回もプレスは千枚。ただし、ここから先の千枚はいつもあっという間に売り切れてた。帯の「初回版千枚完売御礼!!」の文字を、再プレスするたびに「○千枚完売御礼!!」と修正して、みんなで喜んだ。そんなところにも手作りな気分が残っていた時代だった。

『YUTA』にはSAKEROCK以外の多くの知人友人ミュージシャンがかかわっていたり、ハマケンがレコーディングに参加してない曲もあったりする。SAKEROCKが「4人組のバンド」になる以前、ほとんど誰にも知られない状態で若者たちがひたすら試行錯誤を重ねた末に生まれた不思議な作品だった。あのアルバムに感じる奇妙で稀な情熱に似たものを、いまもほかには知らない。

とはいえ、彼らの快進撃がはじまるのは『慰安旅行』が出た2004年に入ってからのこと。ぼくが知り合ったのは、いわば彼らの「さなぎ」時代の終わり。その次への節目に移る不安定だけど重要な時期に立ち会えたという意味では、幸福な1年だったともいえる。

なにより、ぎゅうぎゅうに詰め込んだ40人ほどを相手に円盤で演奏された、その日の「マジックアワー」を、ぼくはたぶん一生忘れない。

2003年の1曲は、SAKEROCKの「マジックアワー」。

もし時間を巻き戻せるのなら、あの日の円盤で、もう1回この曲を聴きたい。4人の若者がお互いの音に耳を澄ましながら、誰も聴いたことのないはずの音楽で、誰かの記憶をなつかしく呼び覚ます。あんな瞬間、そうは出会えないよ。

平成16（2004）年　ぼくのつきあいは「？」からはじまる

RCサクセション「イエスタデイをうたって」

　ぼくが手がけた初の翻訳小説であるテリー・サザーンの短編集『レッド・ダート・マリファナ』が出たのが、この年。

　校正作業は年明けから大詰めに入った。小説ということもあり編集の樽本くんから容赦なく入る赤字チェック。直しては書き、直しては書き。最終的にオリジナルの短編集から数本が省かれることになったが、とにもかくにも本は完成に近づいていた。

　装画は友人キングジョーが手がけることに。その表紙イラストは彼が見つけてきたあるレコードのジャケットが元ネタになっているのだが、原作の内容を再現したわけでもないのに、「これしかない！」と思えるものになっていた。

　2001年に構成を担当した永井宏さんと中川五郎さんの対談集『友人のような音楽』では、ぼくのクレジットは本の奥付を見なければわからなかったが、今回は表紙に名前が出る。実家にそのことを連絡したら、父親が喜んで「母校（小中高）に寄贈するから3冊送れ」と言ってきた。春に本が完成し、約束通り送ったけど、はたして父はどうしただろう？　だって、いくら息子が訳した本でも、学校の図書館に「マリファナ」はまずかろう。ともあれ、大学を7年かけて出て、あれほどふらふらした生活を送っていた次男が、ひとさまに認められるかたちでなんとか本を出した、という事実を両親に提示できたことは、自分でもホッとする出来事のひとつだった。

21世紀に入って、レコードの海外買付がぼくの仕事のひとつになった。年に数回（少なくて3回、最高に多い年は8回）、行く先は主にアメリカ。

LAやニューヨークといった大都市を除けば、買付と観光はあんまり関係がない。代わり映えのしないハイウェイを何時間も走って次の街へ。街に着く時間が遅くなったら、モーテルの近所の24時間スーパーで冷たいサンドイッチを買って食事を済ませることも少なくない。

とはいえ、ストイックにレコード屋ばかり行っているばかりではなく、ときどきは気分転換の目的もあって観光もした。ナイアガラの滝（バッファロー側から）、メトロポリタン美術館、セドナの奇岩山、サンディエゴから国境を越えたティファナの街などなど。イチローがシアトル・マリナーズに加入した年（2001年）、デンヴァーでロッキーズとの試合を見た記憶もある。

観光とは違うが、この年の春の買付では忘れられない場所に行った。ニューヨーク州の南に伸びるロングアイランドの中腹にある港町、ポート・ジェファーソン。そこにある家具と雑貨の店に行ったのだ。

そのきっかけは、２００３年にハイファイのスタッフと交わしたある会話だった。

「松永さん、アルゾがサイトやってるの知ってます？」

アルゾとは、90年代に渋谷系周辺で絶大な人気を誇ったアメリカ人シンガー・ソングライター。60年代にアルゾ＆ユーディーンというデュオ名義で1枚、70年代にボブ・ドロウのプロデュースでソロ・アルバムを1枚出している。だが、アメリカではまったく無名のままだった。

そのアルゾがサイトをやっている。しかも「じつはね、ぼくアルゾにメールを出したんですよ」と彼はさらりと言うではないか。さらに「そして返事が来ました」と続けたので、ぼくは絶句した。インターネットってそういうことが起こるメディアだとは意識していたけど、このときはさすがにちょっと平常心を失った。

そのやりとりのなかで、彼からアルゾが家具と雑貨の店を営んでいると教わった。いつか買付中に近いエリアに行くことがあれば会いに行けるかもな、とぼくはひそかに考えた。アルゾが暮らしているのはニューヨーク郊外で、あながち不可能ではない住所だった。

しかし、結果的に言えば、アルゾに会うことは叶わなかった。２００４年2月、アメリカ中がスーパー・ボウルで沸き返っていたその夜、テレビで中継を見ていた彼は心臓発作で帰らぬ人となってしまったのだ。サイトで一部発表していた未完成のセカンド・アルバム用の音源が、日本でCD『テイキン・ソー・ロング』としてリリースされ、来日公演の計画も進んでいたその矢先の悲報だった。

だが、主人はいなくなっても誰か近しい人がお店を続けているのではないかとも思った。ぐうぜんにも、そのエリアをぼくらが訪れたその日は、まだアルゾが亡くなってから3ヶ月も経っていなかった。もしお店がご家族によってまだ続いていたら「アルゾはすばらしい音楽家だったんですよ」と伝えたいし、無駄足だったとしても、ここでアルゾが暮らしていたということをじかに知れる。それだけでもいいじゃないか。

その日は早めにモーテルを出て、レコード屋があるのとは逆方向に車を走らせた。ちいさな港町のちいさなメインストリートに、その店はあった。そして、営業もしていた。近くに車を停めて、店のドアを開けた。カウンターに女性がひとり座っていた。この街では見慣れないはずの東洋人客ふたりを一瞥し、彼女は不思議そうな顔をした。そして、その表情は「もしかして……？」と言いたげなものに変わった。

なんと彼女はアルゾの妹さんだった。ぼくらが日本から訪ねてきたと知って涙を流して喜び、「すぐ近くに義姉さんが住んでるから、ちょっと待ってて」と電話をかけに行った。「義姉さん」とはつまり、アルゾの奥さんのことだ。5分としないうちに、奥さんが店に駆け込んできた。

アルゾの奥さんと妹さんは言葉にならないくらいぼくらの訪問に興奮していたが、それはいまだに癒えない喪失感を呼び戻すきっかけにもなってしまった。そのことにすこしバツの悪さを感じながらも、ぼくらは「アルゾの音楽をどうやって知ったの？」「どこが好きなの？」といった質問に答えた。そのうち奥さんがハンディカメラを持ち出して、撮影をはじめた。いつかアルゾのドキュメンタリーを作るときに役立つかもしれないので、あなたたちの話を撮っておきたいとのことだった。

「家も近くなの。来る？　あなたたちにアルゾの暮らした家を見てほしい」

それから1時間、奥さんとアルゾの話をした。アルゾはリズム楽器が好きだったこと。70年代にレコード会社から受けた仕打ちのこと。この話は苦かった。隣の部屋からはアルゾの息子が聴くラウドなロックの音がもれていた。その店で、ぼくは壁掛けのフックをいくつか買った。黒猫をかたどった鉄製のフックは、いまもトートバッグ掛けとして愛用している。


この年の春、SAKEROCKは4人編成となって初のミニ・アルバム『慰安旅行』をcompare notesというレーベルからリリースした。タイトル曲の「慰安旅行」は、もともと彼らがSAKEROCKを結成して最初にレコーディングした曲で、2003年後半くらいからアレンジをすこし変えて演奏されるようになり、ファンの間では人気曲になりつつあった。

このアルバムのオビのキャッチコピー、というよりもはや1本の文章とも言える熱のこもった惹句を執筆したのが eastern youth の吉野寿。

その eastern youth の主宰するシリーズ・イベント「極東最前線」（2月17日、渋谷クラブクアトロ）の対バンに SAKEROCK は抜擢された。この日のライヴはとても評判がよく、会場で先行発売された『慰安旅行』はめちゃめちゃ売れたという。

『慰安旅行』が正式リリースされたのとおなじころには、フィッシュマンズのトリビュート・アルバム『SWEET DREAMS for fishmans』にも「いかれた Baby」で SAKEROCK は参加した。あの名曲をやったわけだから、これも大抜擢だった。このあたりからバンドの歯車はどんどん前向きに回り出した。

ちなみに、そのトリビュート盤で「いかれたＢａｂｙ」に続いて「MAGIC LOVE」のカヴァーをしていたのが、名古屋の GUIRO というバンドだった。このときも「グイロ？ギロ？　どっち？」と思いながら聴いていた。ぼくの興味は、バンド名に対する「？」からはじまることが多いのかもしれない。

『慰安旅行』の発売記念インストア・ライヴが行われたのは、吉祥寺のタワーレコードだった。いまの場所じゃなく、まだ東急百貨店の脇道を入ったところのビルにタワーはあった。のちにｃｅｒｏの「good life」という曲（7インチ「武蔵野クルーズエキゾチカ」のB面）で歌われる「タワーレコードのベンチ」は、このビルの前にあったベンチだ。

あの日のSAKEROCKのインストアに来たお客さんは20人くらいだったかな。2階のフロアの什器をどかして用意された演奏スペースは、要するに、ただの床の上だった。

この年、SAKEROCKはフジロックフェスティバルの深夜に行われるニューカマー・ショーケース〈ROOKIE A GO-GO〉に初出演を果たしている。ちなみにぼくが初めてフジロックに行ったのも、この年だった。だけど〈ROOKIE A GO-GO〉のSAKEROCKは見ていない。

その理由は、フジロックに行ったのがＮＲＢＱの来日ツアーのスタッフとしてだったから。99年にパンフを作ってから、２０００年、02年、04年と彼らの来日はインディペンデントなスタイルで行われていて、ぼくはスタッフ的な立場でツアーにかかわり続けていた。フジロックのときも彼らの出番が終わったら、これを皮切りにはじまるツアーのためにあわただしくマイクロバスでぼくは帰京したのだった。

そういえば、このフジロックでＮＲＢＱの本番前にステージ袖でそわそわしていたら、「あの、ジョナサン・リッチマンの『リズム&ペンシル』の人ですよね。読んでます」と同年輩くらいの男性に話しかけられた。すごくうれしかったけど、とにかく気が急いていたので、ちゃんと話できなかった。

ぼくの記憶違いかもしれないけど、その人、たしか「ぼく、テニスコーツってバンドやってるんです」と言っていた。ということは植野隆司さんのはずなんだけど、なぜ彼はあそこにいたんだろう？　いまもそのことを確かめられずにいる（あのとき自分がとった態度が無礼だった気もして）。


この夏のNRBQのツアーといえば、忘れちゃいけない大事なことがある。

ドラマーのトム・アルドリーノとは、おたがいに手紙やミックステープの交換をする仲になっていたのだが、彼があるとき送ってくれたテープに、アーティスト名が「Tom Ardolino」とクレジットされたインスト曲があった。

「これ、トムのソロなの？　いつ録音したの？」と電話で聞いたら、「えへへ、16歳か17歳のときかな。家の地下室で録ったんだよ」と教えてくれた。さらに、そういう音源が山ほどあり、18歳のころに3本のオープンリールに音源としてまとめ、それぞれにアルバム・タイトルもつけていたというではないか。しかもそのうちの1枚は、オープンリールからCD－Rにコピーしてあるという話だった。全49曲入りで『Unknown Brain』というタイトル。内容は、地下室でトムが宅録した、夢と音楽への愛と狂気に満ちたガレージ・ラウンジ・ミュージックだった。

その音源をなんとか正式に発売できないかと思い、いろんな人に相談しているうちに、音楽ディレクターの金野篤さんが興味を持ってくれた。当時、金野さんはカーネーションの直枝政広さんらと設立したBumblebee Recordsという自主レーベルのスタッフでもあった。「直枝さんが『出そう！』と言ってくれたのでうちから出しましょう！　紙ジャケで、来日記念盤で！」と快諾をもらったのは、ちょうどこの年のＮＲＢＱの来日が決まった時期だった。

49曲で80分弱の音源は、音質も音圧もばらばらだったので、布田駅にあったピースミュージックでマスタリングを施すことになった。その日が、ぼくとエンジニアの中村宗一郎さんとの初対面だった。ゆらゆら帝国のすごい音像を手がけている人と知っていたので緊張したが、人当たりのよさと仕事の判断の速さにすっかり感服してしまった。

ジャケットに描かれている不思議なイラストは、当時高校生だったトムがオープンリールの箱に直接描いたものをそのまま使った。原題は『Unknown Brain』だが、邦題はアルバム中の1曲から採用して『ブレイン・ロック』とした。オビ裏では、直枝政広、安田謙一、星野源、森田文哉の4人にコメントをもらった。なにからなにまで自分の思うようにやったＣＤだった。

ＮＲＢＱのツアー物販でも売るし、内容的にも「幻の宅録少年の傑作」としてかなりいけるぞと思ったが、現実はそんなに甘くなかった。トムには物販用の特典に色紙をいっぱい描いてもらったので、いまでもそれを持っている人がいるかもしれない。

渋谷タワーレコードの5階には、デカデカと『ブレイン・ロック』の広告看板まで出してもらった。渋谷タワーの5階といえば、実験的な音楽をベストセラーにしてしまうことでこのころちょっと有名になっていた「松永コーナー」があったし、売り場を担当されていたバイヤーの松永耕一さん（DJ名義はCOMPUMA）にこの破格の扱いのお礼を言いたかったのだが、残念ながら松永さんは退社された直後だった。それでも「松永コーナー」の余韻もあって、『ブレイン・ロック』はこのフロアだけでかなりの枚数が売れたと聞いた。


この年の9月には、ぼくの従姉が亡くなった。しかも、ぼくの母と奥さんの誕生日（ぐうぜんにもおなじ日）に。彼女は母の姉の娘で、死因は心筋梗塞だった。突然の痛みに苦しみながら部屋から出ようとして倒れた形跡があったとお葬式の日に聞いた。

もともと大阪生まれの大阪育ちだった彼女は、ぼくよりひとまわりほど年上。気が強くて、物知りで、皮肉屋で、トゲのあることも言うけど憎めないユーモアの持ち主で。生来の読書家だった彼女の部屋はものすごい量の本と漫画で埋め尽くされていた。ライターとして生きていこうとしていたぼくのことをすごく気にかけてくれていたそうだ。

亡くなる1年くらい前だったかな。ある日、彼女から小包が送られてきた。なかには冬目景の漫画『イエスタデイをうたって』の1巻から3巻までが入っていた。

「大好きな漫画だから、良ちゃん（親戚筋では唯一、彼女はぼくをそう呼んだ）に読んでほしくて」と、簡潔なメッセージが添えてあった。

訃報を聞いてすぐに熊本に飛んだぼくは、紀伊國屋書店に行って『イエスタデイをうたって』の4巻までをまとめ買いした。葬儀が終わり、棺が閉じられるとき、お花の代わりにぼくはそれを入れた。あとで伯母に彼女の部屋を見せてもらったとき、「このドアのところに倒れとったのよ」という説明を聞きながら、ぼくの目をとらえたのは彼女の机の上にあったものだった。すぐに目に入る場所に、冬目景さん直筆の色紙と手紙が飾られていた。

2008年から小西康陽さんが中心となって刊行されたzine（前園直樹グループの雑誌『うたとことば。』）で、彼女の死を思い出して文章を書いたことがある。「黒い花びら」というタイトルだった。

ハイファイ・レコード・ストアで働くようになってしばらくして、ぼくは小西さんと会話をすこしずつ交わすようになっていた。ちょうどこのころ、恵比寿のカフェtenementで小西さんが定期的にはじめたイベント〈CURTAIN〉では、ダンス・ナンバーではなく静かな曲やシンガー・ソングライターのレコードが流れていた。黒木に「すごくいいから行こう」と誘われて、はじめてtenementに行ったのも、この年だった気がする。そのとき、tenementの店主、猪野秀史さんにもごあいさつした。「いつかうちで松永さんもＤＪ

やってくださいよ」と言われ、そのときは社交辞令と受け止めたが、翌年からぼくもここでイベントをはじめることになった。

秋、『慰安旅行』のリリースがcompare notesとのワンショット（アルバム1枚ごとの契約）だったSAKEROCKは、レーベルを決めないまま新曲である「穴を掘る」「2、3人」のレコーディングで大阪に向かっていた。その夜の高速で、源くんと伊藤大地くんが乗った車が自損事故を起こした。大事故につながりやすい高速道路で彼らが無傷だったのが信じられない。奇跡的にも大地くんの車が廃車になっただけで、レコーディングはそのまま行われた。

このころSAKEROCKのライヴでは、その「穴を掘る」に加え、「イケニエの人」（大人計画の同名の舞台への提供曲だった）があらたなハイライトになりつつあった。「イケニエの人」は、年が変わるころにはタイトルがあらたまり、「生活」という曲になる。

「穴を掘る」は、もともと源くんが20歳ごろに作っていた曲で、彼が児玉奈央さんとやっていたデュオ、Polypのレパートリーとして歌詞付きで知っていた。２００３年ごろまでしか活動していないPolypのライヴをぼくの奥さんは一度だけ見ている。また、Polypでは「穴を掘る」のスタジオ録音もしている。

「穴を掘る」が好きだったし、SAKEROCKでもやったらいいのにと思っていたから、こうして人気曲になったことはとてもうれしかった。インスト・ヴァージョンになったけど、元のPolyp版よりもずっとテンポアップして力強くなった。「穴を掘る」も「生活」も、彼らのライヴに未来を切りひらくあたらしいグルーヴとペーソスの両方をもたらすものだった。

年も押し迫ったころ、源くんから「カクバリズムってレーベルから声をかけてもらってるんですよ」という話を聞いた。

カクバリズムという名前には聞き覚えがあった。アルゾのサイトを教えてくれたハイファイのスタッフからも「YOUR SONG IS GOODっていうバンドが最近評判いいんですよ。カクバリズムってレーベルから出てるんです」と夏ぐらいに聞いていた気がする。

「カクバリズム？　なに、その名前？」と、ぼくは聞き返した。やはり、ぼくのつきあいは「？」からはじまるらしい。

2004年もSAKEROCKばかり聴いていた気がするけど、この年の1曲は大好きだった従姉に捧げて「イエスタデイをうたって」にする。漫画のタイトルのもとになっているのは、初期のRCサクセションの曲。心に刺さりっぱなしのトゲみたいな曲だ。アルゾのことも、従姉のことも、もう何年も経ったのにいまだにそのトゲがうずく瞬間がある。

平成17（2005）年　ぐうぜんのきろく
イエロー・マジック・オーケストラ「シムーン」

２００５年１月、SAKEROCK「穴を掘る」がカクバリズムから7インチ・シングルとして発売された。

1月23日に下北沢シェルターでSAKEROCK、YOUR SONG IS GOOD、TUCKERのスリーマンが行われた。「穴を掘る」リリース・パーティーだったので、トリがSAKEROCK。とんでもなくぎゅうぎゅうだった。カクバリズムの角張渉くんとも２００４年のうちに、すでにあいさつくらいはしていた記憶がある。

この日のライヴは、SAKEROCKが「立った日」としても印象深い。

正確には、彼らが立ったのはこの日がはじめてじゃなかったかもしれない。だけど、最高のタイミングで「これからは立つSAKEROCK」を印象づけた日だったことは間違いない。２００４年までの彼らは源くんも座ってギターを弾いていたし、田中馨《けい》くんもエレキを弾く曲では座っていた。

立つことで音楽があからさまに変わるってことではないだろうけど、お客がステージを見るまなざしも変わるし、アクションが増えれば自然と楽しさも増す。その設定でできる曲だって変わっていくだろう。この日、SAKEROCKはYMOの「シムーン」をカヴァーしていた。

「シムーン」といえば、2003年の夏を思い出す。

西麻布あたりにあった地下のライヴ・バーで行われた深夜イベントに、SAKEROCKが出演していた。ぼくの前の席で見ていたのが蓮實重臣さんだった。ちょうどSAKEROCKが参加したオムニバス・アルバム『日本の態度』が出たところで、そのアルバムの1曲「やさしい日本人」で蓮実さんは岡村みどりさんとデュエットをしていた。それでSAKEROCKに興味を持って見に来たのかな？　三宅剛正さんとの音楽ユニットPACIFIC 231の作品を通じてぼくは一方的に蓮実さんを慕っていたので、すごく緊張して、その日は話しかけたりしなかった。

その夜のSAKEROCKの対バンが、タイロン橋本。じつはタイロンさんはYMOの「シムーン」で歌っていた人だ。もっとも「シムーン」での歌声は加工されていて、ご本人のものとはすぐにわからないし、この夜のタイロンさんは、ヴァン・モリソンみたいなブルージーな曲をやっていた。タイロンさんのアンコールでSAKEROCKの4人が呼び出され、急遽「セッションしよう」と言われ、ぎこちなく演奏していた姿も、なんとなく覚えてる。

もちろん、セッションでやった曲は「シムーン」じゃない。

しかし、ぐうぜんとはいえ「シムーン」の歌声の主と共演し、自らも「シムーン」をカヴァーし、さらに「シムーン」の作者（細野晴臣）ともおなじ舞台に立ったバンドって、結局いまも昔もSAKEROCKだけなんじゃないかな。

細野さんとSAKEROCKがおなじ舞台に立つなんて、2003年の夜にはまだ夢物語のようだったけど、2005年の秋には狭山で開催された〈ハイドパーク・ミュージック・フェスティバル〉で実現してしまう。運命はおもしろい。

6月、SAKEROCKはカクバリズムからファースト・アルバム『LIFE CYCLE』を出した。2年連続出演となったフジロックでは苗場食堂に出演し、人気バンドへの道を着実にたどりはじめた。

その矢先に、源くんはひとりで歌うことをひそかにはじめていた。9月にmona recordsで行われたオールナイト・イベント〈涙～namida～vol.3〉で、彼がひとりで歌うのをぼくは初めて見た。

年も押し迫った12月には、高円寺円盤で働いていたぼくの奥さんが企画して（去年のSAKEROCKでの〈IKKAIKI〉に続き）源くんのソロ・ライヴが行われた。対バンには、グッドラックヘイワ、ＬＡＫＥ、ヨロ昆撫。ＬＡＫＥは、伊賀航さんのバンドだから、ここにものちにつながる関係がある。

この日、肝心のライヴをぼくは見ていない。たしか、夜に別の取材が入っていたんじゃなかったかな。開場前におじゃまして、源くんから1枚のCD－Rをもらった。それが、彼の初めての歌のアルバムだったCD－R版の『ばかのうた』。デザイナーの大原大次郎くんが源くんと組んだ初仕事でもある。

この年の〈ハイドパーク・ミュージック・フェスティバル〉でSAKEROCKと細野さんがおなじ舞台に立った、とさっき書いた。じつは、ぼくはそこにも行ってない。フジロックだって行ってない。

狭山の当日は、細野さんとSAKEROCKがおなじ舞台に立つ記念すべき日だとわかっていたのに、ハイファイ・レコード・ストアで仕事をしていた。スケジュールがバッティングしたときはハイファイ優先というセオリーを、この時期のぼくは守っていた。

ただ、その反面で、「5年目のジンクス」がむずむずとうずいていたことも事実だった。前にも書いたが、ぼくは5年以上、ひとつの仕事を続けたことがない。ハイファイにお世話になるときも「5年をめどに考えます」と伝えていた。その5年目が、この年だった。

8月には、2001年以来ひさびさに弟と一緒に渡米することになった。それは「ローリング・ストーンズの全米ツアー初日を見て、すぐにレポートする」という音楽雑誌の企画だった。

というか、その雑誌の編集部は現地取材までやる気はなく、「ライヴ写真は入手するから、ネットの反応などを参考にして（じっさいに見ていたかのように）レポートを書いてほしい」程度の雑な依頼だったのだが、どうせなら買付も組み合わせて、じっさいにストーンズのライヴを見てしまえばいいのではないかと思いついた。もしそれが可能なら、全米ツアー初日のボストン・フェンウェイパーク・スタジアムに照準を合わせてスケジュールを組めばいい。弟もちょうどその時期にお盆休みが取れそうだということで、ドライバーとして同行してもらうことにすんなり決まった。

若いころからＭａｃマニアだった弟は海外での通信事情にも詳しく、２００１年もわざわざ特別な契約を日本のプロバイダーと結んでアメリカから日本と連絡をとり合い、ぼくと大江田さんを驚かせていた。当時は、海外に出たら国際電話をしなければ基本的には音信不通だったのだ。今回もそのパターンで通信の準備をしてきたかと思いきや、「なんば言いよっと？　いまどきはたいていのホテルだったら、ビジネスマン用に海外通信用のサーバーがあると思うよ」との返事。「特別な契約はいらないのか？」と問うと、「そぎゃんとはいらん（そんなのはいらない）」という。確かに、ボストンのモーテルで試しに回線をＬＡＮケーブルでつないでみたら、ぼくでも日本と通信できた。ネットも日本よりはスピードが遅いけど、見ることができる。

海外でも常時接続ができるのなら、ぼくにも「ブログ」ができるかも。

ブログというメディアになんとなく興味を感じていたけど、どうせやるなら毎日更新しないとやる意味もないとぼくは思っていた。年に何度かのアメリカ買付によって中断されることがないのなら、ぼくもやってみようかな。

というわけで、この年の10月からブログ「ｍｒｂｑ」がはてなダイアリーでスタートした。


この10月には恵比寿の tenement で、はじめてのひとりＤＪをやった。夜10時半スタートで、夜中の3時まで。

遅い時間のスタートになったのは、千葉県君津で行われたライヴ・イベント〈RAW LIFE〉に行ったからだった。それは1月にSAKEROCKとも共演していたTUCKERの出演を見届けるため。エレクトーンやドラム、ベースを同期させながらひとりで驚異的なパフォーマンスを行うTUCKERのライヴはすでにかなりのうわさだった。彼に興味を持ったぼくは『Quick Japan』に取材を持ちかけ、TUCKERのインタビューを掲載してもらうことになっていたのだ。

都心から君津までは片道2時間。物理的な距離以上に、かなりの遠さを感じた。〈RAW LIFE〉自体は駅からかなり遠い場所にある廃虚ビルを使って行われていた。滞在したのは数時間だったけど、あの夜の異様な熱気は、ちょっとやそっとじゃ忘れられないものだった。

普段はタクシーもめったに来ない場所だろうけど、出演者用に出待ちしていた1台に乗り込んで君津駅まで戻り、そこからまた2時間電車に乗って、恵比寿でＤＪをした。

とにかく、このころはぼくのまわりでいろんなことが同時進行で動いていた。ハイファイでの店員としての日々の仕事、アメリカへの買付があり、そのいっぽうでライターとしての仕事も着実に増えつつあった。『Quick Japan』ではもっぱらSAKEROCKや日本のアーティストをとりあげて書いていたし、『ミュージック・マガジン』などほかの音楽雑誌では海外の音楽中心に書くことが多かったかな。

もっとアーティストの近くで物事を考えて書いていきたいという気持ちと、日常の仕事の場を大事にして、あくまで時間の許す範囲でバランスをとりながら好きな音楽とつきあっていくべきではないかという気持ちとの間で、なんとなく揺れている状態。

仕事を通じていろんな関係が広がって、生活も楽になり、無職時代にかなり手放したレコードもまたポツポツと買えるようになり、楽しさも増しているのは実感していたけど、「はたして自分の本分はなんなんだろう？」とぼんやり思っていたのも本心だった。結局、その疑問は20代のころ、『リズム＆ペンシル』を作るか作らないかでモヤモヤしていた時期とあんまり変わってないようにも思えた。

そんな時期の、ちょっと複雑な気分を忘れさせてくれたのが、NRBQのトム・アルドリーノ家へのホームステイだった。

これは要するに、トムが住むマサチューセッツ州西部の都市スプリングフィールドを拠点として、彼をドライバーとしてハイファイが雇い、周辺を買付するという作戦だった。これはお互いにとってもいいことだらけで最高に楽しかった。

トムと一緒に毎日レコード屋に行き、1日中レコードを探し、一晩中レコードを一緒に聴き続けた。英語と音楽の授業としても最強だった。この半分ヴァケーションのような留学のような仕事は、年1、2回のペースで数年間続いた。英語の読み書きはそれなりに自信あったけど、ちゃんとしゃべれるようになったのはトムと毎日会話したおかげで、きっとぼくの英語にはいまも彼のなまりがちょっと入っている。

ぼくが初めてトムの家に泊まったこの年、おみやげにしたのが、SAKEROCKの最初のDVD『ぐうぜんのきろく』だった。

「このバンド、音楽も最高だけど、トロンボーンの彼、めちゃめちゃおかしいね」とトムは「Old Old York」を見ながら、シッシッシと笑った。彼が引き笑いをするときは、本当におもしろがっている証拠だった。

この年の1曲はYMOの「シムーン」。いろんなぐうぜんがひとつに落着するさまを、あれよあれよという間に見せてくれた曲だから。

平成18（2006）年　わかっちゃいるけどやめられない
リリー・アレン「LDN」

２００６年の話は、１月の名古屋からはじまる。去年リリースされていた名古屋のバンドの「いま」を紹介するコンピレーション『７５８６（ナゴヤロック）』をめぐる関係者証言と、そのコンピのなかでも抜きん出た可能性を示していたバンド、GUIRO の取材をするためだった。

GUIRO。ギロと読む。２００４年のフィッシュマンズのトリビュート・アルバムで、その名は知っていた。

この当時、GUIRO はまだアルバムのリリースはなく、すでに使命を終えたメディアになりつつあった8センチCDをスタイリッシュに加工された紙ケースに入れてシングルとしてリリースしていた。ぼくは3枚目の「ハッシャバイ」から入り、「エチカ」「あれかしの歌」へとさかのぼっていき、その繊細かつ大胆な音楽性と底知れない可能性に震えていた。

この人たち（GUIRO を含めた名古屋のミュージシャン）の話を聞きたい。そして記事にしたい。この当時、ぼくがそんな相談をできる相手は『Quick Japan』の編集長、森山裕之さんしかいなかった。

森山さんは『7586』を聴いて、取材のOKをくれた。ちょうど1月に今池にあるライヴハウス得三でGUIROのライヴがあるということで、タイミングをあわせて名古屋に向かった。名古屋のインディー・バンドにとって重要な拠点であるライヴスペース、K・D・ハポンに行ったのも、このときが初めてだった。

連絡をとりあう過程で、GUIROの高倉一修さんが、ぼくと同い年だと知った。初めて面と向かって会ったときは、高倉さんの繊細なルックスに「神様は不公平ね」と思ったけど。

その夜、初めて見たGUIROのライヴ。細い糸をつむぐようなアンサンブルに、音楽に対する揺るがない信頼が宿っていた。終盤にはうれしい飛び入りも。一時期GUIROにも参加していた青柳努（渓）、西本さゆり（彼らはふたりでEttというデュオをやっている）が参加し、レコーディング時のメンバー6人による、いわば正調の「ハッシャバイ」を幸運にも聴くことができた。それはいまでも記憶の小部屋にしっかりと残してある。

森山編集長時代の『Quick Japan』では、この年の65号で源くんとグッドラックヘイワの野村卓史くんの仲直り対談「微笑ましくも真剣な仲直り」という企画の進行と構成も担当した。

「仲直り」というからには「仲違い」があったわけだ。SAKEROCKの『YUTA』の完成と引き換えに野村くんがバンドを去ったのは、ファンにはなんとなく知られた出来事だった。この対談の時点で源くんと野村くんは高円寺円盤ですでにソロとグッドラックヘイワとしての対バンも経ていたけど、大の男同士がおおやけの場で「仲直り」をテーマに話すというのは、いい機会だったと思う。昔からよく知っているのにちょっとぎこちなくもある不思議なムードの対談。だけど、やっておいてよかった。

このころ、『Quick Japan』編集部は新宿区の百人町にあった。桜の季節に市ヶ谷駅前の公園で編集部主催のお花見が行われ、そこでぼくは初めてライターの磯部涼くんと話した。このときはあいさつくらいだった気がする。磯部くんの文章はこのころからシャープでヒリヒリするかっこよさがあった。

「松永さん、SAKEROCKのメンバー全員の個別インタビューをやりませんか?」

森山編集長からそう持ちかけられたのは、秋口のこと。11月に出ることになっていた新作『songs of instrumental』は会心のアルバムだったから、ぼくも望むところだった。いまでこそ、4人はそれぞれのバンドや活動のなかでたくさんインタビューに答えているけど、当時は源くん以外はロング・インタビューの経験はほとんどなかったはず。

そして、何度も書くけど、当時SAKEROCKに対してそんな企画を持ち出す雑誌は『Quick Japan』以外にはなかった。音楽雑誌がちゃんと彼らを扱うようになるのは、『songs of instrumental』が世間的にも話題になりはじめてからだ。

取材ではひとり2時間じっくりと話を聞いた。

そのなかで源くんは、自分の歌でカヴァーしたクレイジーキャッツの「スーダラ節」の「わかっちゃいるけどやめられない」という歌詞を自分はギャグだとは思ってないと語った。その「わかっちゃいるけどやめられない」がそのまま記事のタイトルになった。

森山さんが2007年に編集長を退いたこともあり、結果的に、この68号の記事がぼくが『Quick Japan』で書いた最後のSAKEROCK原稿になった。

その後もアルバムが出るたびにいろいろな雑誌で文章を書いたり、源くんの取材もした。だけど、「わかっちゃいるけどやめられない」は、それまで自分が見てきたSAKEROCKについて「書き抜いた」感がいちばんある記事だった。

この夏には、テリー・アダムス&スティーヴ・ファーガソン・カルテットという長い名前の新バンドが来日した。じっさいは、NRBQオリジナル・メンバーであるテリーとスティーヴ（初代ギタリスト）が率いる特別企画的なバンドだった。ドラマーはもちろんトム・アルドリーノ。

この時期、NRBQは微妙な時期にあった。2004年にマサチューセッツ州ノーザンプトンで盛大に行われたデビュー35周年のコンサートは、30周年では叶わなかった歴代のメンバーが勢揃いしたもので、ぼくら日本のファンもたくさん詰めかけたけど、その後しばらくしてテリーとトム、ジョーイとジョニーのスパンピナート兄弟が袂を分かった状態、つまり事実上の活動休止になっていたのだ。

とはいえ、大好きなテリーとトム、スペシャルな存在であるスティーヴのバンドだもの。これまでの流れならぼくもスタッフとしてかかわるはずだったが、この時期、奥さんが病気になっていたこともあり、ライヴは客として見た。

また日本でトムと会えたことをお互いに喜んだけど、すこし疲れた様子で「もうアメリカでもツアーはやりたくないんだ。体もつらいし」と気になる本音も漏らしていた。そしてこのバンドのアメリカ・ツアーを終えると、本当にバンド稼業から退いて家にこもるようになってしまった。トムがいなけりゃNRBQの再始動もままならないだろうに。わかっちゃいるけどやめられない、とはいかなかったのか。

やがてテリーは若いメンバーと自分のバンド、テリー・アダムス・ロックンロール・カルテットをスタートさせ、のちにそのバンドでNRBQの名前を引き継いで、いまに至っている。

10月、生まれて初めてロンドンに行った。目的は当時ロンドン在住だったカジヒデキ訪問。未刊行に終わったのでお恥ずかしい限りだが、じつは『リズム＆ペンシル』でカジヒデキ特集を出す、という話があった。そのためのロンドン取材で、五日間くまなくカジくんとあちこちを回った。

じつはこのころ、ハイファイ・レコード・ストアの売上はかなり落ち込んでいた。本当に中古レコードが売れなくなっていたのだ。

ネットを使ったビジネス中心にシフトして売上をキープしていたのは２０００年代前半。２００５年あたりから、目に見えて来店客もネットの注文も減ってきた。90年代には昼間からレコード屋にたくさんたむろしていたような学生客もまったくいなくなり、来店客は年輩のマニアか、通りすがりか冷やかしばかり。お店に立っていても、盛り上がりのないぬるい日常にじわじわと殺されそうな気分だった。

ところが、ロンドンではちょっと様子が違っていた。自分たちでレーベルも運営しているラフ・トレードやオネスト・ジョンズに行くと、新譜の７インチ・シングルやＬＰレコードが堂々と店頭に並んでいる。

「そうなんですよ。いまみんな7インチを出すようになってきてるんです」とカジくんも言って、早速、気になっているバンドの新着7インチを買っていた。いまにつながるアナログ・リバイバルの最初の兆しを感じたのが、このときのロンドンでの体験だった。帰国後、「イギリスではレコード人気戻ってきてましたよ」と、まるで沈滞する日本の中古レコード事情を鼓舞するかのように声高にしゃべっていた自分が、ちょっとなつかしい。

このとき、ロンドンでカジくんが「あ、これ買っておいたほうがいいですよ」と勧めてくれたのが、リリー・アレンの「ＬＤＮ」の７インチだった。

ちょうどこの曲はロンドンでヒットしている真っ最中だとカジくんに教わった。そういえば、レインコーツのメンバーの子どもたちが組んだバンド、キティ・デイジー＆ルイスの10インチ（78回転シングル）も、このときに買ったっけ。世代が巡って、若い子たちがあえてアナログ・レコードを出すなんて、これは希望だと思った。

翌年１月、リリー・アレンの来日公演が行われると聞き、奥さんと一緒に興奮して渋谷クラブクアトロまで出かけたが、お客さんはびっくりするくらい少なかった。

彼女の人気がこけたらアナログの復活も一緒にこけてしまいそうで、心もとない気持ちでライヴを見ていたのを思い出す。頑張れ、ロンドンのアナログ娘。50分ほどのライヴはすかっとしたもので、生で聴く「ＬＤＮ」も最高だったけどね。

平成19（2007）年　20世紀グレーテスト・ヒッツ

ゆらゆら帝国「おはようまだやろう」

ハイファイ・レコード・ストアで働くようになるちょっと前から、店主の大江田さんの依頼でお店のウェブ・マガジンに連載をしていたと以前に書いた。

音楽業界の大先輩のみなさんにインタビューをするという連載で、精力的にやっていたのは2000年から翌年にかけて。連載は、つねづね話を聞いてみたいと思っていたレコード屋の世界での大先輩であるフラッシュ・ディスク・ランチの椿正雄さんに話を聞いたあたりで、いったん打ち止めに。やがてハイファイのウェブ・マガジン自体もその役目を終えた。

あの連載をまとめて本にしたらどうかという提案は、大江田さんからもたびたびあった。そうなったらいいなという気持ちはやまやまだけど、果たして興味を示してくれる出版社はあるのか……？

ところが、それがあった。ぼくがライターとして執筆していた音楽雑誌『ＣＤジャーナル』を発行していた出版社である音楽出版社が、この話に乗ってくれたのだ。『ＣＤジャーナル』でぼくの担当をしてくれていた川上健太さん（現編集長）が、単行本の編集担当もしてくれるという。彼とは話が通じやすいので、この組み合わせはありがたいものだった。

というわけで2007年の前半は、もっぱらこの本の仕事が中心になった。

さっそく議題にあがったのは、単行本化にあたって追加のインタビューを行う相手の人選だった。それなりのページ数にするには、あと3、4人くらいやったほうがいい。思いきってボーナストラックはご褒美的に業界の大物に依頼してみるという手もあったけど、それは気が進まなかった。

もともとこの連載は、あまり業界の大舞台では語られない立場にいた人たちの歩みと仕事と音楽への熱い思いを引き出すのが目的だったはず。その文脈で考えて、ぼくが真っ先に思いついたのは、熊本にいた少年時代に熱中して見ていた洋楽MV番組『サタデー・ミュージック・スペシャル』（『ベストヒットUSA』より放送開始は早かった）の企画とホストMCを務めていて、いまも熊本を拠点に活動されているラジオDJのかなぶんやさん。そして、ぼくの親友にしてアメリカ音楽の生き字引でもあるNRBQのトム・アルドリーノ。大江田さんからは、レコード会社のディレクター時代に接点があった近田春夫さんの名前があがった。「きっと松永くんとは話が合うはず」との推薦だった。

「最後にもうひとりどうか」というリクエストが編集の川上さんから出たとき、自然と

「大江田さんがいい」という言葉が口から出た。

大江田さんが佐久間順平さん、小林政広さんと高校生のときにはじめたフォーク・グループ、林亭に興味があった。当時200枚限定で自主制作でリリースしたLPレコード『夜だから』は日本のフォーク・マニアの間で高評価され、コレクターズ・アイテムとなっていたのだ。さらに言えば、「どうしてぼく（松永）をハイファイで拾ってくれたのか」という素朴な疑問に対する答えを、大江田さんの歩みと思考から自分なりに知ってみたいという気持ちがあった。

インタビューをしたのは、本の作業の最後の最後。閉店後のハイファイの店内で行ったが、それをぼくがアメリカ買付の車中で会話しているように再構成することにした。

さて、本の中身はだいたい見えてきた。表紙はどうしよう？

ここでも、かなぶんやさんと同様、ぼくは長年の憧れの人の名前を出した。漫画家のささそうあきらさん。

『漫画アクション』編集部を通じて連絡をしたところ、ささそうさんからもご快諾をいただいた。下北沢の喫茶店で打ち合わせしたとき、ぼくはカチンコチンに固まっていた。

ささそうさんが無類の音楽好きであることは作品からもうかがえた。このころは、中世以前のクラシック音楽である古楽のバンドが好きで、ジャケット・イラストまで描いているとおっしゃっていた。

「バンドの絵を描いてほしいんです。空き地で演奏していて、メンバーには老人と子どもがいて」と、ぼくは思い描いていたイメージをリクエストした。

「ロック・バンドはあんまり描いたことがないんですよ。なにかモデルになるものはないですか?」

さそうさんからの返事を聞き、ぼくはその参考になるようにと持ってきていた1枚のCDを手渡した。SAKEROCKの『songs of instrumental』だった。


本がいよいよ進行しはじめると、今度は出版社からタイトルに注文がついた。

ウェブ連載時の『20世紀に連れてって』じゃ音楽の本っぽくないし、なんの本なのかわかってもらえないかも、という。なるほど、確かにそうかもしれない。

『20世紀グレーテスト・ヒッツ』というタイトルを思いついたのは、家で風呂に入っているときだった。「グレーテスト・ヒッツって!」と自分でも吹き出してしまった。だけど、このタイトルなら、「ここはひとつ大きく出よう」という気持ちと、「ヒット」には世の中に流行してチャートを上昇するという意味だけでなくひとりの人間のハートを打つ(ヒット)というのもあるという自分の信念にも似た実感の合わせ技になるんじゃないか。

無謀かと思えたそのタイトルは、無事に編集会議を通過した。本屋に並んだときには

「20世紀のヒット曲カタログ」だと思われるかもなとあとで思ったけど、まあ、いいか。

こうして『20世紀グレーテスト・ヒッツ』は、6月には店頭に並んだ。自分が仕事をした本としては翻訳書『レッド・ダート・マリファナ』を3年前に出していたけど、今回は完全に自分の名前の本なので、それなりの感慨はあった。

売れるような性質の本じゃないことは、ぼくでもわかる。他人の音楽史からはじまって、最後はなぜかその流れがぼくの音楽史と混ざり合ってしまう不思議な本だもの。最後に地が出てしまう、というのは、ぼくが作るものの特徴のひとつのような気がする。よくぞ出してくれました。とにかく版元の音楽出版社には、かたちにしてもらったことを感謝している。

『Quick Japan』の森山編集長が誌面でこの本を取り上げると言ってくれたので、「源くんに紹介コラムをお願いしたい」とリクエストした。あの表紙を見て、自分たちがモデルだと気がついただろうか。

また、どういうわけか、ディスクユニオンの知人たちが出版を喜んでくれて、「なにかイベントをやりましょう」という。普通のトークイベントをやっても来る人もいないだろうし、「どうせならどこかの店舗で1日中BGM代わりにDJして、自分なりのグレーテスト・ヒッツを流すイベントにしたい」と伝えたら、本当に渋谷のディスクユニオンでやることになった。

そんな機会はもう二度とないと思ったので、記念に選曲リストをきちんとつけていた。全201曲のセットリストはブログ「mrbq」の2007年9月23日に掲載してある。いまでも見ることができるので、興味ある方はぜひ。


9月には、ついにGUIROのファースト・アルバム『Album』が発売された。アルバムの推薦コメントを頼まれて書いたが、結果的に公開ライナーノーツともいうべき文章になった（これもいまでもGUIROのサイトで読むことができる）。

アルバムのリリースに先駆けて、青山の月見ル君思フで6月に行われたライヴ（おなじ名古屋のバンド、カタリカタリとのツーマンだった）では、はじめて聴いた「銀河」という曲に圧倒され、まだこんな曲がレコーディングされずに残されているのかと震えた。「しあげをごろうじろ」で迎えたクライマックス感にも特別なものがあった。バンドとしては遅すぎるアルバム・デビューかもしれないけど、ここからきっと特別なことが起きるとぼくは信じた。

しかし、その後、何回かの東京でのライヴを見逃すうちに、翌年にはメンバーの脱退もあり、結局、2008年以降、彼らは長い沈黙に入ってゆく。SNSが一般的になる以前で、東京にいてバンドからの距離もあるぼくらには特別な事情はなにもわからないままだったし、まさかそれからずっとGUIROを見ることがかなわなくなるとは、このときは夢にも思っていなかった。

２００７年、３年ぶりにフジロックに行った。この年、ジョナサン・リッチマンが、みっつの異なるステージに出演することになっていた（苗場食堂、FIELD OF HEAVEN、THE PALACE OF WONDER）。これは行かないわけには行かないでしょ。さらに、この年はグッドラックヘイワが苗場食堂に初出演することも決まっていた。ある意味、それはすでに人気が定着し、フジロックの常連となりつつあった当時のSAKEROCKよりも特別な出来事に思えていた。

越後湯沢からバスに乗って、友人で映像監督の大関泰幸くんと苗場プリンスホテルのロビーで待ち合わせをしていたら、ぐうぜんにも向こうからジョナサンが歩いてきた。ぼくを見つけて「オー、リョーヘイ」と声をかけてくれて、再会を喜んだ。

「きみは今夜、（GREEN STAGEの）ストゥージズを見るのかい？」とジョナサンに聞かれたので、行くつもりだと答えたら、「イエー、ぼくもさ」とジョナサンもうれしそうに言い、ポケットからなにかを取り出した。それは耳栓だった。そうだ、ジョナサンはこの十数年、大きな音のライヴ会場を避けて活動していたんだった。でも、やっぱりどんなに轟音でも若いころに憧れてた人は見ておきたいんだな。その変わらない思いに触れて、ぼくもうれしくなった。

その夜、ストゥージズのライヴではイギー・ポップが観客をどんどんステージに上げていった。いまもフジロックの伝説的なシーンとして語り継がれている光景だった。あのとき、最終的に何百人くらい乗っかってたんだろう？　ジョナサンも、どこかであの光景を見ていたはず。


この年の暮れ、カクバリズムのレーベル設立5周年記念ライヴが渋谷のSHIBUYA-AXで行われた。所属全アーティストがおなじ舞台に立つというスタイルは、10周年、15周年でも基本的に踏襲されていく。

このころから、SAKEROCKは客席に対して四人が半円形になる配置でのライヴをはじめていた。12月のワンマン・ツアーとなった大阪市中央公会堂と東京キネマ倶楽部での2デイズでも、その半円だった。馨くんが書いたおおらかで不思議なスケール感を持った曲「今の私」が、ライヴのなかで重要な曲になりはじめていた。

自分の本が出たり、誰かの本を手伝ったり、すごい音楽に出会ったり、生きるための日常があったり、とにかくいろんなことが起きていて、ぼくの日々はあわただしく過ぎていた。そんななかで、ふとわれに返ったときに自分をじっと見つめるまなざしのような感覚が「今の私」という曲にはあった。自分を問いただして、あるべき正解を探させる厳しさのあるまなざしじゃない。自分という存在の不思議さ、心や体のままならなさを赤ん坊みたいに見つめる時間のたいせつさを、子どもみたいにすっと表現してる。いまも大好きな曲だ。

10月に発売された、ゆらゆら帝国のアルバム『空洞です』も、この年受けた大きな衝撃のひとつだった。もちろん、「ゆら帝」がめちゃめちゃにかっこいいバンドだという認識はしていたけど、ノイジーな激しさから離れて、空虚さをメロウに体現したサウンドは、ぼくらが暮らす現実の薄皮をぺろんとめくった本質を言い表しているようにも思えて、完全に打ちのめされてしまった。買ってしばらくは『空洞です』しか聴いていなかったと思う。

ゆらゆら帝国については、ひとつ特別な思い出もある。

『リズム&ペンシル』を作っていた90年代の後半、「ジョナサン・リッチマンの特集だったら、姫路のひろしNAさんに話聞かなきゃダメでしょ」と、大阪フォーエヴァー・レコードの東瀬戸悟さんに言われたことがあった。ヒロシさんがやっているPORTCUSSというバンドが「姫路のモダン・ラヴァーズみたいでかっこいい」という話だった。

折しも、ヒロシさんのもうひとつのバンド、ニプリッツの東京でのライヴがちょうど下北沢のCLUB Queで行われることを知り、例のごとく「取材させてください」と直談判するスタイルで出かけた。その夜の対バンが、なんとゆらゆら帝国だったのだ。

ゆらゆら帝国は、まだメジャー・デビュー前でお客さんはそんなに多くなかったし、扱いとしてもニプリッツの前座だったけど、すでに何人か狂ったように踊る女の子のファンがいた。

のちに、坂本慎太郎さんと話すようになってから、『リズム&ペンシル』を出たころに読んでくれていたと聞いた。しかもベースの亀川千代さんに教わって借りたのがきっかけだったという。あの日、坂本さんや亀川さんにも原稿を頼んでおけばよかったのにね。未来が読めてなかったね。


この年の1曲は迷う。「今の私」も間違いなく大事だし、GUIROならアルバムで初めて聴いた「しあげをごろうじろ」も大好きだった。

だけど、やっぱり、ゆらゆら帝国の「おはようまだやろう」にしよう。頭がぐちゃぐちゃなときも、からっぽのときも、「とりあえず生きるか。まだやろう」と、ぼくを前に動かしてくれていた曲だから。

平成20（2008）年　さよならゴーゴー・レコード

ウォー「オール・デイ・ミュージック」

以前は、アメリカでいちばん好きな街はニューヨークのマンハッタンだった。やっぱり初めて訪れた街で思い出も多いし、徒歩と地下鉄であちこち回れる利便性、そしてスリルは、ほかのアメリカのだだっ広い街ではなかなか味わえないものだ。

でも、この年あたりから俄然、ぼくのなかで西海岸のロサンゼルスのランクが急上昇し、首位をうかがうようになっていた。

初めてLAを訪れたのは、ひょんなことがきっかけだった。2007年の買付の途中、ぼくと大江田さんにグラミー賞授賞式のチケットが回ってきて、全世界に中継された式典に参加することになった。「グラミーを見るなんてぼくらには二度とない機会だろう」という結論に達し、1日だけ買付をオフにしてオレゴン州ユージーンの空港からLAへ飛んだ。ところが、「二度とない」と思っていたチャンスが、のちに別の方向からぼくに舞い込んできた。「グラミー賞を見に行って現地ルポを書く」という仕事が来たのだ。旅費も滞在費もすべて先方持ち。そんなおいしい話はないということで、ほいほいと乗っかった。それが二度目のＬＡ。

授与式前日がまるまるオフだったので、ダウンタウンから電車に乗ってロングビーチまで出向いた。前の年はＬＡからポートランドは１泊だけのトンボ帰りだったので、街をちゃんと見なかった後悔があったし、「ロングビーチにいいレコード屋がある」と大江田さんに聞いていたからだ。

大江田さんは「レコード屋も（レコード人気の後退で）ずいぶん減ったたし、なにしろ渋滞がひどい」という理由でつねづねＬＡ買付には否定的だった。だけど、ぼくが行ったロングビーチの店には手応えがあったし、すごい店だとうわさに聞いていたハリウッドのアメーバ・ミュージックもすばらしかった。帰国後、「やっぱりＬＡ買付すべきじゃないですか？」と直談判し、それから年に二、三度は訪れるようになった。

あとになって「最初はロングビーチまで電車でレコード買いに行ったんだよね」と地元で知り合った友人たちに話したら、「度胸あるね」と感心された。

空港の南やロングビーチの北側はゲットー的な場所で、不慣れな人は電車では行かないのだと教わった。たしかに、あの日の帰り道に車両のなかでキッズたちがスケボーをはじめるわ、ケンカするわで、ぼくは隅っこで身を縮こめてやり過ごした記憶もあった。でも、ちょうど夕暮れどきのレイドバックした空気が心地よくて、それほど深刻には考えてなかったのだ。すくなくとも89年のニューヨークに比べたら、ＬＡのムードはずいぶんとやさしくおおらかにぼくを包み込んでいた。

クレイジーケンバンドのギタリストで、リズム＆ペンシルで２００１年に『小野瀬雅生読本』を作って以来、仲良くしていた小野瀬さんことのっさんとの飲み会で、「１冊、一緒に本を作りませんか？」という相談があったのは２００７年のこと。

のっさんのソロ活動はその後、自ら結成した新バンド、小野瀬雅生ショウで順調に進んでいて、メジャー・デビューが実現したときはプロモーション用の冊子を2冊、ぼくの編集で作ってもいた。だが、今回の依頼は、かつての読本や冊子とも違って、小野瀬雅生名義の単行本ということだった。

いろいろアイデアを出していった結果、最終的に「のっさんの好きな70年代ハードロックのギタリストを、のっさんの好きなＢ級グルメにたとえて語り尽くす」という案に落ち着いた。わけのわからないことを言い出したように思えるかもしれないが、ぼくらは本気だった。音の記憶と食の記憶がぼやけながら交錯して、きっとあたらしい表現が生まれるはず。つねづね取材の現場での、のっさんの「たとえ力」が絶妙だと感じていたし、担当編集者の稲葉将樹くんも「ほかに似たような本もないし、いけそうっすね！」と乗り気になってくれた。

毎回2時間ほどの取材で、のっさんが持ってきた音源を聴きながらいろんなギタリストのことを自由に美味しく語ってもらった。そのテープをぼくが起こしてギタリストごとにまとめていくという手法で、最終的にギタリストの数は百数十人、取材に使ったカセットも30本以上に及んだ。

語り口のグルーヴが大事だし、「まだ語り足りない」というニュアンスを誌面にも出したかったので、あらかじめ字数も決めず、台割も作らずに作業を進めた。決めていたのはギタリストの顔ぶれと、年代ごとの章分けのみ。総ページ数すらのっさんのチェックが済んだテキストを並べてみないとわからないという状態。デザイナーさんにもずいぶん無理を聞いてもらう作業だったが、この年の夏前には、なんとか完成まで漕ぎ着けた。

本のタイトルは『小野瀬雅生のギタリスト大喰らい』。

表紙は、高級レストランのメニューを意識した白地に金押しにした。本のなかでは、のっさんと親交の深いリリー・フランキーさん、ライヴで対バンをして意気投合していた野村義男さん、そして、70年代ハードロックのご意見番として音楽評論家の伊藤政則さんとの対談を組んだ。政則さんも「これはわかりやすいよね」と絶賛だった。

本を構成するにあたって目標にしていたのが、杉作J太郎さんの著書『ボンクラ映画魂 三角マークの男優《オトコ》たち』。東映ヤクザ映画のスターへの愛を杉Jさん流の表現で書き尽くしたその本、もし運良く古本で見つけることがあったら、ぜひ『ギタリスト大喰らい』と並べて置いてあげてください（『ギタリスト大喰らい』も買っていれば、だけど）。加えて言えば、殿山泰司さんの名著『日本女地図』もお持ちだったら、ぜひお隣に。

『ギタリスト大喰らい』出版とおなじころ、リズム＆ペンシルとして編集した本も出た。フジパブリッシング会長で、60年代から日本のポップス史に深くかかわってきた音楽人、朝妻一郎さんの初の著書『ヒットこそすべて』。

フィル・スペクターの伝記本や大瀧詠一さんの文章をまとめた『オール・アバウト・ナイアガラ』など、度を越して濃い音楽書を送り出していた白夜書房の藤脇邦夫さんとの共同作業で、ぼくは本の軸となる朝妻さんの音楽人生を振り返る録り下ろしのインタビューとその構成、秋元康さんとの対談などを担当した。

表紙のデザインは小西康陽さん。その素材になる写真決めの打ち合わせにも同席した。候補のひとつではあったけどみんなは本命とは考えていなかった若き日の朝妻さんの写真を、小西さんが「これがいい」と選び取った瞬間の、その場にいた全員が「はっ」とした空気をいまもよく覚えている。

本が2冊ほぼ同時に出て、その作業を並行してやっていたわけだから、きっと忙しかったんだろうなと思い返してみるんだけど、あんまりそういう記憶がない。たぶん、2冊とも「なんかおもしろくなるように考えなきゃいけない」という気苦労がほとんど要らなかったからだろう。

ちなみに、『小野瀬雅生のギタリスト大喰らい』は、気まぐれかつ辛口なことで知られるアマゾンのカスタマー・レビューで、いまもすべての投稿者の星が満点で揃っていることがひそかな自慢だ。

『ヒットこそすべて』が出てしばらくして、朝妻さんを通じて「慰労の会食をしたい」という連絡をいただいた。「?」と思った。リズム&ペンシルと白夜書房のスタッフを労う会なら、すでにすこし前に行われていたからだ。

あらためて呼び出されたのは、藤脇さんとぼくだけだった。

案内された料亭の一室にいたのは、朝妻さん、そして大瀧詠一さんだった。平静を装っていたけど心拍数はめちゃめちゃ上がっていた。

「大瀧くんが、この本(『ヒットこそすべて』)を作った人たちに興味を持って、話をしたがっている」とは、朝妻さんからなんとなく聞いていた。あの大瀧さんに褒めてもらえる本を作れたということは素直にうれしかったけど、どこか自分とは遠い話のように受け流していたのも本当だった。

それがいま、目の前に大瀧さんがいる。

大瀧さんはとても精悍で、60代には見えなかった。スイッチが入ると、朝妻さんと大瀧さんは仲のいい中学生同士みたいにああだこうだとポップス話にどんどん突入してゆく。

そのスピード感と展開する知識のひろさにくらくらして、この日食べたごちそうのことはよく覚えてない。サインをもらうのも忘れた。

会食が終わると、お酒を飲まない大瀧さんは車で風のように去っていった。

大瀧さんとの対面からしばらくして、今度は細野晴臣さんと対面することになった。それは、SAKEROCKのアルバム『ホニャララ』のブックレットに掲載される細野さんと源くんの対談の進行と構成という仕事だった。ブックレットではライナーノーツも書かせてもらったけど、この対談もぼくにとってはとても印象深いものだった。

野村卓史くんが演奏にも加わった『ホニャララ』は、SAKEROCKが作り続け、試し続け、遊び続けてきた到達点のひとつだった。前作『songs of instrumental』とは打って変わって、バンドの音楽を自分たちだけで絞り込んだ作品には、早くも風格のようなものすら備わっていた。この前後から、デザイナーの大原大次郎くんに加えて、映像監督の山岸聖太くんもSAKEROCKのMVやライヴ制作に深くかかわるようになっている（星野＋大原＋山岸で、映像制作ユニット「山田一郎」を名乗ったのもこのころから）。SAKEROCKならなにをやってもおもしろいという自信が本人たちにもスタッフにもファンにも深まっていた。

年末のSAKEROCKの定番になってきた鶯谷の東京キネマ倶楽部でのワンマン・ライヴは、この年は12月の28、29日に開催され、もちろん両日ソールドアウト。大みそかには

〈COUNTDOWN JAPAN 08/09〉にも出演し、それも「抜擢」ではなく「当然」として目に映るようにもなっていた。
「しゃんとしないと置いていかれるぞ」と自分に言い聞かせながら、いろんな原稿を書いていた年の暮れだった。

2008年と言えば、夏に阿佐ヶ谷のゴーゴー・レコードが閉店したのは、ちょっとさびしい出来事だった。

阿佐ヶ谷駅から旧中杉通りを北上する途中、道の左側（いま古書コンコ堂があるあたりのちょい手前）にゴーゴー・レコードはあった。店構えは、昔ながらの街の中古屋。セレクト感ゼロ。雑然。小汚い。冴えた感じや鋭さからはずいぶん遠い印象だ。だけど、不思議と「引きがある」と感じさせる店だった。「え？　これなに？」と思えるレコードを見つけたことが何度もある。

さらによかったのは閉店時間がすごく遅かったことだった。お客さんがいれば12時過ぎでもやっていた。ライヴを見て阿佐ヶ谷駅から歩いて帰る途中にふらっと立ち寄れるレコード店。しかも何かと当たりがある。そんな店、好きにならずにはいられないよね。

ゴーゴー・レコードに立ち寄るもうひとつの理由は、店番で働いていたおばちゃんの魅力（店主の奥様だったとあとで知らされた）。年のころは50代後半くらい？　とてもおっとりとした口ぶりで接客してくれる。音楽に詳しそうな気配はまったくない。だけど、なにかひとことでも話して帰りたくなる。

会話はいつもさりげないものだった。

「暑いですね」

「寒いですね」

「忙しそうですね」

「たくさん買いましたね」

「こないだはひどい苦情があったのよ」

「レコード好きはおかしな人多いですから」

「あなたもおかしいの?」

「ぼくもおかしいんだと思います」

「そうは見えないけどねえ、そうなのかしらねえ?」

みたいな。


買うものがない日でも、おばちゃんにひと声かけたり、軽く会釈をして帰ることが、ぼくのひそかなルーティンになっていた。

おばちゃんとの会話で、どうしても忘れられないものがある。その日、ぼくがアジアやアフリカのレコードを何枚かレジに持っていったら、「いろんな国のレコードを買うのね」とおばちゃんは言った。そして問わず語りのように続けたのだ。

「わたしもね、子どものころ、外国で暮らしていたの。いまも言葉は覚えているんだけどね。×◎△▲×◎△▲×◎△▲……」

その言葉は、耳馴染みのない不思議なものだった。あまりのことに「？」と呆気にとられてしまい、それがどこの国の言葉だったのかを聞くのを忘れてしまった。また今度聞けばいいか、くらいに思ったのかもしれない。だけど、それをおばちゃんに聞く機会はなかった。それからしばらくしておばちゃんは姿を消した。

体調を崩されたらしいとうわさに聞いたが、真偽のほどはわからない。ただ、おばちゃんが姿を消してから、お店の運気が消えてしまったように感じていたのは確かだった。しばらくしたらお店のテコ入れが行われ、店内スペースの半分以上が古着になってしまった。そのままどんどん狭いスペースにレコードは追いやられ、最後は何屋なのかわからなくなって、閉店したのがこの年だった。おばちゃんがいなくなってから2年近くが経っていた。

あのおばちゃんの不思議な言葉。ぼくは物事を都合よく考えるたちなので、あれはもしかしたら「あなたの人生に幸運を」的なおまじないだったんじゃないか、とも思ってる。

伝説にして持ち上げる必要はない。だけど、そこにあったことは記憶しておきたい。ゴーゴー・レコードはそんな店だった。

この年の1曲は迷う。だけど、夕暮れどきにロングビーチから帰る電車の喧騒のなか、iPodで聴いていた、ウォーの「オール・デイ・ミュージック」。夕暮れはずるいくらいすべての記憶を美しくする。

平成21（2009）年　猫と清志郎

荒井由実「12月の雨」

2008年の暮れ、猫が調子を崩した。エサを食べなくなり、元気がない。水ばかり飲み、だんだん体もやせてきたようだ。

うちで飼うようになったとき獣医さんの推定で3歳くらいということだったので、いまや16歳。老猫の部類になっていたわけで、その症状はまさに加齢による腎不全を起こした老猫に典型的なものだった。

獣医さんの診断では、この先どうしても自力でエサを食べないようであれば「強制給餌」か「毎日の点滴」しかない、という。ひとまず強制給餌を選択したが、まあいやがるのなんの。どこにそんな体力が残ってるの?とばかりに暴れる。さらに弱ってきたら点滴と入院を繰り返し、体調は一進二退くらいの感覚で急速にわるくなっていった。

それでも、なんとか2008年は越せた。

年明けには、SAKEROCKにとって初の九州ツアーが行われることになっていた。ぼくの地元の熊本でも初めてのライヴがあるということで、それに合わせて夫婦でひさしぶりの帰省も予定していた。ふたり揃って東京を離れることになるので猫は心配だったけど、さいわいにも出発直前の具合はわりとよく、食欲もちょっと戻っていた。病状も落ち着いているということで、獣医さんと相談して数日間入院ということに。病院なら危険なときも点滴など対処してもらえるという安心感もあった。

SAKEROCK 4人に野村卓史くんをゲストとして加えた、事実上のオリジナル編成でのツアー。初の熊本公演は、めちゃめちゃに盛り上がった。

2年前に、ぼくの本『20世紀グレーテスト・ヒッツ』で取材させてもらったかなぶんやさんにもライヴを見てもらい、打ち上げはぶんやさんに教えてもらった馬刺しのおいしい地元の居酒屋さんで行われることになった。

その夜、日付が変わったころ、テレビではあたらしいアメリカ大統領に選出された初の黒人大統領バラク・オバマの就任式を放映していた。「時代は変わるのかねえ?」「変わるでしょう!」みたいな会話をしていたかな。

その後、宮崎での公演に向かった一行とは離れ、ぼくらは奥さんの実家のある長崎県諫早市へ。猫が心配な奥さんは長崎空港から翌日帰京し、ぼくはSAKEROCKの福岡公演に向かった。

福岡のライヴも満員で盛り上がり、アンコールを迎えた。アンコールの1曲目「今の私」

がちょうど終わったとき、スマホがぶるっと震えた。

奥さんの実家を出て博多駅に向かう朝に獣医さんから連絡があり、猫の病状がまた深刻になりつつあるとは聞いていた。奥さんは今夜には東京だし、ぼくも明日の朝早くには戻る。そろそろお別れなんだと覚悟をしたのが今日の朝だった。

ライヴ中に届いたメールは短いものだった。

「さきほど亡くなったそうです」

そのとき、電車が音を立てて去っていくのが頭上で聞こえた。このライヴハウスは高架下に作られていたので、電車の音はするが、演奏している間なら普通は気にならない。たまたま曲と曲の間に電車が通り過ぎたから、ぼくらにも聞こえただけのぐうぜん。

でも、それはまるで猫からのお別れの合図のように思えた。ステージではラスト・ナンバー「生活」で、ハマケンと大地くんがスキャットとドラムでバトルする恒例の対決がはじまっていた。

翌日、雪の降る福岡から東京に戻ると、猫は眠るように猫ベッドにまるまっていた。黒猫で、眠る姿のまるさがかわいいので「クロマル」という名前だった。工夫のないシンプルな名前だったけど、いったんそれがぴったりとはまってしまったので、もうほかの名前は思いつかなかった。

さびしがりやで人見知りもしない、よく鳴く猫。この猫のおかげで引っ越しまでした。

でも、もう猫は動かず、触れるとひんやりと冷たかった。ぼくが40代になって悲しくて大泣きしたのは、この日が最初だった。

火葬を終え、看取ってくれた獣医さんにお礼をしに行った。10年以上面倒を見てくれた獣医さん。いかつい顔で厳しい口調だけど、うそは言わない人だった。

「不謹慎かもしれないけど、すぐ飼ったほうがいいよ」

当惑した顔をしていたぼくに、獣医さんはもう一度言った。「次の猫をすぐ飼ったほうがいいってこと。また松永さんのとこで楽しく暮らせてよかったと思う猫が必ずいるはずだから。そのほうがクロちゃんも喜ぶよ」

それを聞いて、ぼくはまたうるっときてしまった。そして、そのペット病院の表に貼り出されていた写真から一匹を推薦してくれた。生後3ヶ月のメス猫で、顔はかわいいのに、まだら模様のサビ猫なので人気がないらしい。

さっそく写メを撮って、奥さんに送った。その日のうちに里親さんとの縁組は成立。翌日、我が家にあたらしい猫が来ることになった。

訪ねてみたら、高円寺に住んでいた里親さんは漫画家さんだった。猫はまだ体長20センチほど。緊張してすっかり硬まっていた。尻尾の毛先だけ新品の筆みたいに白かったのと、漫画家さんから譲っていただいたということで、名前は「ペンコ」にした。

ところが、家まで連れてきたら、そのペンコが行方不明になってしまった。物音も鳴き声もしない。「相当おびえてたし、体も小さかったから、ちょっと外出するときにするっと外に逃げちゃったんじゃないか?」と、ぼくらは考えた。夜になっても猫は戻ってこなかった。「里親さんになんて謝ろう」と夫婦でひどく落ち込んだ。

その夜、枕元をすすすっとなにかが動く音がした。

「いた!」

お腹がすいた猫が、エサを求めて、隠れていた場所から姿を現したのだ。のっそりと手を伸ばしたら、「ふにー」と鳴きながらどこかへ行ってしまった。捕獲ならず。でも、とりあえず家のなかにいたという事実に安心して、ふたりとも安心して眠りにはいった。

翌日、ペンコが逃げ込んだのは浴槽の裏側のわずかな隙間だったと判明した。そんなところに隠れることができたのは、ひとえに体が小さかったからだった。再びお腹をすかせて現れたペンコを捕まえて奥さんが鈴の首輪をつけた。これでどこに隠れようと、鈴の音が居場所を教えてくれる。

死んだクロちゃんと違い、ペンコは相当のビビリ猫だった。でも、ぼくらには徐々に慣れてくれたらいいと観念した。

それから10年経って、ペンコは奥さんにべったりだ。ぼくのことは「エサやり係」としか見ていなくてちょっとさびしいけど、その素っ気なさも彼女の揺るがない個性だ。

2009年の話を書くと、あやうく猫のことだけになりそうだ。

猫といえば、友人のトム・アルドリーノは無類の猫好きで、家にも3匹、猫を飼っていた。なかでもトムの長年の友人がタフィというデブ猫。ほかの2匹がケンカしていても、まったく動じないで家のなかをのっしのっしと歩く。親玉的存在なんだけど、他人（猫）には興味を示さない孤独のヒーロー。

トムの家で（時差ボケで）早く目が覚めた朝は、たいていタフィを撫でて相手しながら、ぼんやりと明け方まで時間を過ごしていた。やがてトムが起きてきて、家の外に遊びに来るリスたちにくるみをあげて、ベーグルで朝食。

毎年続いていたトム家へのホームステイと買付の旅は本当におもしろかったし、ぼくの英語力を伸ばし、アメリカ人の思考や行動を理解させる点で、すごくためになっていた。だけど、小さな問題もいろいろあった。

ツアーをやめ、ドラマーとしての活動をやめてからのトムにはあんまり収入がなく、もともとオンボロだった車もどんどんくたびれ、ついにマフラー・チェックに引っかかってしまった。アメリカには日本みたいな車検はないが、マフラーが正常に機能しているかの検査は行われ、失格するとその車には乗れなくなる。

車がなくてはどこにもいけないので、なんとかそのオンボロ車を動かして近所のレンタカー会社に出かけた。しかし、トムはこのときクレジットカードも持っていなかった。クレジットカードを持っていなければ、車を借りることはできない。

途方に暮れていたら、トムが「そうだ、近所の自動車修理屋さんで車を貸してくれるかも！」と閃いたように言う。そこは自営の小さなガレージで、煤《すす》けた顔のおじさんが「よお、トム」とあいさつしてくれた。事情を話すと、「うん、そんなら乗ってけ。1日50ドルでいいよ」と快諾してくれた。たぶん修理が済んでディーラーに引き渡す前の車だったんじゃないのかな。あれってたぶん、違法だったよね？

車のなかでは音楽の話をたくさんした。トムはぼくの英会話の先生だったので、いろんな質問をした。

「"Don't Tailgate"って、よく道路標識にあるけど、あれは何？」

「ああ、相手の車のケツに近づきすぎるな、ってことだね」

「英語でゲスなやつのことをなんて言う？」

「いろいろあるけど、ぼくが言うのは"prick"だな。チンコ野郎みたいな意味。ヒヒヒヒヒ」

ある夜、トムと一緒にレコードを聴いていたら、誰かがドアをどんどんとノックした。もう真夜中近いのにと不審げにトムが見に行くと、「よー、トム！」と酔っ払った声がした。遊び友達のひとりが、べろんべろんに酔って帰る途中に立ち寄ったらしかった。

彼はぼくを見て「日本の友だちか？」とトムに聞いた。「そうだよ」とトムが答えると、今度はぼくに「いつまでいる？」と聞いた。来週の水曜までと答えた。

「ふうん。水曜までは友だちと一緒か。そのあとはまたひとりぼっちか。また猫だけか」

そう言って、彼はトムを見た。

「うるさいなあ、帰れ、酔っぱらい」

トムは苦笑いしながら彼を追い出した。

車が出発する音がして、トムが家のなかにもどってきた。

「彼も“prick”なの？」とぼくは聞いた。

トムは首を横に振って「違う」と答えた。

「友だちなんだ。ぼくを心配して寄ってくれたんだよ。いいやつだよ。“prick”なんかじゃない」

その夜のことも、そのときのトムのさびしげな顔も、ずっと忘れられない。


5月、忌野清志郎が亡くなった。

2000年代にはライターをしていたのに、清志郎に取材する機会は叶わなかった。だけど一度だけ、その直前までいったことがある。

2006年にアルバム『夢助』のレコーディングが、ナッシュヴィルで行われることになった。プロデューサーは清志郎と旧知のスティーヴ・クロッパー。そのドキュメンタリー映像のスタッフとして、リズム&ペンシルの住田が同行することになった。そのとき「文章面での記録も必要だと思うから、もしスケジュールが空けられるなら一緒に行かないか」という相談を受けていたのだ。

しかし、結局、ぼくが同行する話はナシになった。いつものように勝手についていけばよかったじゃんという話かもしれないが、清志郎は少年時代からの憧れの人だし、大事なレコーディングの現場となると勝手が違う。スタッフである住田の足手まといになるのも本意じゃなかったので、あきらめた。まあ、これはちょっとしたおとぎ話みたいなもの。

ぼくが清志郎、そしてRCサクセションのライヴを生涯でもっとも集中して見た時期は1989年から90年にかけて。つまり平成の最初の2年で、RCが活動休止をする最後の2年だった。「ラヴ・ミー・テンダー」の発売禁止問題や物議を醸し出したアルバム『COVERS』やザ・タイマーズでのゲリラ的な活動があったし、RC本体としては長年連れ立ったメンバーの脱退など、混乱期として振り返られることも多い時期でもあった。

だけど、とりわけ89年のツアーは最高だった。清志郎は新曲を次々にライヴにかけ、レコード会社の方針に反旗を翻し、お客には「ぜんぶ録音OKだから」と宣言した。新曲はギターの弾き語りからできたようなとことんシンプルなものばかりで、小学生でも歌えそうな愛らしさと訴求力を持つ曲も多かった。RCのファンは当時のぼくよりもすこし上の世代で、80年代の黄金期のバンドらしさを体験してきた人たちが主だったから、客席には戸惑いも少なからずあったように記憶してる。だけど、ぼくは89年のRCが好きだった。あの2年の間、黒木や当時の彼女と何度ライヴを見たことだろう。

ぼくはRCサクセションのファンだったけど、彼らに求められている「理想のバンド像」みたいなイメージは、じつはすこし苦手だった。満員の野音や武道館で大盛り上がりするバンドというよりも、ひとりでさびしくしているときにほっときながらやさしくしてくれるような音楽として彼らのことを好きになったようなところがあるから。RCの最後の2年間、清志郎はぼくのそういう思いに触れる音楽をやっていた。

「ちいさくて弱っちいほうの清志郎が好きなのね」と誰かに言われたことがある（昔の彼女だったかもしれない）。それは図星だけど、ちょっと違う。スターとしてふるまう清志郎さんの大きさや、舞台の上でファンを突き放すような強引さや身勝手さにむしろ気持ちを救われたことが何度もあったから。

だけど、自分がちいさいことを自分で知ってる清志郎だから、威張ったようなポーズをしててもちっともいやじゃなかったんだと思う。だから、まあ、図星なのかもね。

青山で行われたお葬式の日は青空で、一緒に1989年の自分も連れて行ったつもりでいた。

この年、源くんは初の著書『そして生活はつづく』を出した。翌年には、源くんのソロ活動も本格的にはじまるし、いろんなことが彼の周りでぐぐっと動き出す。だけど、この年の瀬に吹いていた風は、まだゆるやかな凪。2000年代の終わりを、ぼくも心地よく堪能していた。

年末のSAKEROCKキネマ倶楽部は12月12日、13日。終演後に、荒井由実の「12月の雨」が流れていた。じつはそのとき流れていたのは、ぼくが作っていたクリスマス用のミックスCDだった。それを角張くんに渡していたのを、季節感が合うのでBGMとしてかけてくれていたのだ。

このころ、気まぐれにミックスCDを作っては、ブログでなぞなぞを出し、正解者にプレゼントするという遊びをときどきやっていた。

そのプレゼントに、あるとき正解を出した学生さんがいた。彼のやっている「幻燈日記帳」というブログを見に行ったら写真があって、とても太った若者だった。スカートという音楽ユニットをやっていると書いてある。その青年、澤部渡くんとぼくが出会うのは、もうすこしあとの話だけどね。

2009年の1曲は「12月の雨」で。雪の降っていた1月の博多の悲しさを、5月の青空の悲しさを、「12月の雨」がぬぐい去ってくれた。

平成22（２０１０）年　次の時代にくりだそう

シュガー・ベイブ、もしくは《さらうんど》の「DOWN TOWN」

ディスクユニオンから連絡があった。ＣＤの再発で相談があるという。

「なんのＣＤ？」

「『ポパイ』のサントラ盤です。権利が取れたんです」

「マジで？」

ロバート・アルトマンが監督し、ニルソンとヴァン・ダイク・パークスがサウンドトラックを担当した実写版『ポパイ』（１９８０年）のサントラ盤は、レーベル倒産による権利不明状態が続いていて、これまで一度もＣＤ化されたことがない作品だった。その管理者をどうやらユニオンのスタッフが突き止めたらしい。もし実現したら世界的な快挙になる。

ただし、「ついてはライナーノーツをお願いしたく」と言われたが、率直に言ってあんまり気乗りがしなかった。『ポパイ』に対して気が向かないんじゃない。むしろその逆。この数年でいろんなＣＤ復刻企画にかかわったり、ライナーノーツを書いたりしてきたけど、単に音源をＣＤサイズに落とし込んで、せいぜい４０００字程度の解説を添えるというルーティンに対して、不満を感じるようになっていたのだ。

ましてや、『ポパイ』はアルトマン＋ニルソン＋ヴァン・ダイク・パークスという、アメリカのポップ・カルチャー迷宮にそびえる黄金の大ピラミッドみたいなプロジェクトなのだから、駆け足で概要だけ説明して終わるような仕事はしたくなかった。

「アルトマンとニルソンは死んじゃってるけど、ネット時代なんだからさ、ヴァン・ダイクにメール・インタビューくらいできるんじゃないのかな？」

「はあ、そりゃまあ、やっていただけるのなら」

「もし実現したら、最低でも16ページくらいのブックレットにしたいんだけど」

「それも、やっていただけるのなら」

というわけで、たどり着けるのかわからないけどヴァン・ダイク・パークスへのアクセスを試みることになった。確かにネットの時代だし、ヴァン・ダイクのウェブサイトに連絡先としてメールアドレスは書いてある。でも、果たして返事なんて来るのかな？　あのヴァン・ダイク・パークスだよ？


結果から言うと、ヴァン・ダイク・パークスからは、すぐにメールの返事が来た。しかもその返事はぼくが想像した以上に本気かつ情熱的なもので、「よくぞ『ポパイ』のことを見つけ出してくれた」というテンションだった。

ぼくが買付でLAにいる期間で夜の予定が空いている日に、パサデナにあったヴァン・ダイクの自宅を訪ねて、話を聞くことになった。2時間以上にわたってヴァン・ダイクは『ポパイ』のあらましや、アルトマン、ニルソンの思い出話をしてくれた（ぼくの英会話力を強化してくれたトムに感謝しないと）。もうそれだけでブックレットは完成したも同然だった。

帰国後、すぐに編集に取り掛かり、無事『ポパイ』のサントラ盤は春にはリリースされた。

その後もLAを訪ねたときにタイミングが合えばヴァン・ダイクの家を訪ねて、いろんな話を聞いた。興に乗ると話がどこまでも脱線していくのについていくのは必死だったけど、何を話しているかよりも、その言葉のリズムと脱線するイマジネーションそのものが、ぼくには貴重な教えとなった。

この時期、ちょうど彼は7インチ・シングルであたらしいレコーディングを相次いでリリースする計画を立てていた。

「アナログ・レコードが復活し、私のアイデアもよみがえる。すばらしいだろ」

そう言って、大好きなワインをどんどん飲み干すヴァン・ダイクだった。

この年の秋には、ライヴ・イベント〈De La FANTASIA 2010〉出演のためにヴァン・ダイクはクレア&ザ・リーズンズを引き連れて来日した。細野さんとの国境を超えた師弟対談の構成も担当させてもらった。ヴァン・ダイクがあんなにたくさんしゃべる人だと事前に知ってなかったら、きっと対談を進行しながら冷や汗がたくさん出ただろうな。

6月、カクバリズムなどが中心となり、下北沢のライヴハウス9会場をめぐるサーキット型のフェス〈下北沢インディーファンクラブ〉の第一回が行われた。

いまにして思えば、この2010年は次の10年の重要なトピックとなる、東京の新しいインディー・ポップの芽生えがうっすらと見えはじめていた時期にもあたっていた。第一回〈下北沢インディーファンクラブ〉に出演した顔ぶれは、2000年代を駆け抜けてきた個性の強いバンドが主体だったけど、じつはceroやVIDEOTAPEMUSICもそのなかにいた(もちろんまだほとんど知られてはいなかった)。

この年の〈インディーファンクラブ〉で、SAKEROCKはSHELTERのトリを務めた。はじまる前から長蛇の列ができ、当然のように入場規制。入りきれないお客さんのために急遽、入れ替え制にして2回連続でライヴをやった。

さらに、源くんはソロとしてもmona recordsに出演した。昼間の出番だったけど、こちらもあっという間に入場規制。7月にはファースト・ソロ・アルバム『ばかのうた』発売記念のワンマン・ライヴが渋谷クラブクアトロで行われた。いまの人気から振り返れば、mona recordsはもちろん、クアトロのキャパだってめちゃめちゃ小さいと映るだろうけど、当時はソロとしての人気がどう推移していくのかわからない渦中に誰もがいて、実感が追いついてきたのはもうすこししてからだったと思う。ただ、ここにも変化の波が近づいているのは、おぼろげながら実感としてあった。

いっぽう、SAKEROCKのライヴでは、この時期から源くんがエレキを歪《ひず》ませた音で弾く曲が増えはじめていた。その歪《ひず》みがとても印象的な「KAGAYAKI」という曲を初めて聴いたときは、ちょっとした衝撃だった。馨くんがいまもHei Tanakaで弾いているクリスタルボディのエレキベースも、この時期から使っていたんじゃなかったかな。

そういう激しいモードのSAKEROCKは、年末に出たアルバム『ＭＵＤＡ』に結実していた。サウンドの変化に戸惑ったファンもいただろうけど、ぼくは好きなアルバムだった。

『ＭＵＤＡ』の取材は『ミュージック・マガジン』の依頼で行った。西荻窪の喫茶店で源くんとのインタビュー。そのときは意識してなかったけど、『Quick Japan』以外の音楽雑誌でSAKEROCKの「新作」について源くんにインタビューしたのはこのときが最初で、かつ最後にもなった。

すこし話はさかのぼって9月ごろ。角張くんから「このバンド、どう思いますか？」と1枚のＣＤ－Ｒを手渡された。

そこに入っていた音源が、ｃｅｒｏの『WORLD RECORD』だった。

アルバムを聴いてから角張くんに返したぼくの感想は「フィッシュマンズっぽいところもあるけど、佐藤くんが亡くなってからもう10年以上経っているし、〝フィッシュマンズの子どもたち〟に終わらない可能性があるように思う」というようなものだった。

ぼくの返事を待つまでもなく、角張くんのなかでｃｅｒｏをカクバリズムからデビューさせる決意はもう固まっていたと思うけど。

「彼ら（ｃｅｒｏ）の周りにはけっこう横のつながりがあって、音源をまだ出してないようないいバンドがいっぱいいるんですよ。だけどあんまり知られてない。ツイッターとかで情報を出して、それを見て友達がライヴに来てる。だから、誰それが彼女にふられたとかもみんな知ってる、みたいな感じですかね。でも、おもしろいですよ」

そう角張くんが言っていたのを覚えてる。２０００年代のぼくは、ずっとSAKEROCKを見てきたわけだけど、よくよく考えたら彼らは同世代のバンドとの横のつながりがほとんどなかった。さらに彼はこんなことも教えてくれた。

「松永さんは阿佐ヶ谷ですよね？　このｃｅｒｏってバンドのヴォーカルの子が、お母さんと一緒に駅の近くでバーやってるんですよ。すごく感じのいい店ですよ」

その店はロジという名前で、アルファベットで「Ｒｏｊｉ」と綴る。

「へえ、今度行ってみようかな」

ぼくの返事はそんな軽いものだったけど、お店の名前は記憶にとどめておいた。

その年の秋、今度はニューヨークの伝説的なソフトロック・グループ、フリー・デザインの再発を監修する仕事が舞い込んできた。『ポパイ』がうまくいったことで調子に乗っていたぼくは、この仕事でもできれば本人インタビューをやりたいと申し出た。レーベルを通じてコンタクトしてもらったら、フリー・デザインのメンバーだったエレン・デドリックから「もしニューヨークに来る機会があったら、取材に応じます」と返事があったというじゃないか。フリー・デザインはニューヨーク在住の音楽一族デドリック家の兄妹からなる四人のグループだった。長兄で音楽的リーダーだったクリス・デドリックはすでに亡くなっていたが、あのハーモニーの一端を担ったエレンに取材できる可能性がある事実だけでぼくは興奮した。

ちょうど毎年買付で出かけているニューヨークのレコード・ショーであるＷＦＭＵレコード・フェアが10月末に開催されることになっていた。その前後ならもしかしたら時間がとれそうだがどうだろうかと打診してみたら、彼女の答えは「イエス」。

というわけで、ワシントン・スクエア・パークの近くで、エレン・デドリックに3時間ほどインタビューをした。フリー・デザインの全アルバムについて順々に聞いていった話はどれもこれまであまりインタビューで語られたことのない貴重なものだった。

本来ならこのニューヨーク行きは、毎年恒例のトム家でのホームステイとリンクしているはずだった。でも、今回はトムと会うのは中止になった。ぼくが電話するといつも喜んで「いつでも来て！」と言ってくれていたのに、どうもその返事がはかばかしくない。体調もあんまりよくなさそうだった。

「ごめんよ」と謝るトムに「来年お見舞いに行くよ。体に気をつけて」と伝えた。

この年、秋のニューヨークは急に寒くなり、10月だというのに街に雪が舞い出した。真冬用のダウンジャケットなんて持ってきてなかったから重ね着でなんとかしのいでいたのだが、案の定、帰国後に風邪をひいてしまった。

こじらせてしまったのか、熱が引いても咳がなかなか止まらない。喉にもいやな痛みがある。気になって病院で診てもらうと、「ちょっと炎症になってるけど、大丈夫ですよ」と言われた。でも、なんだかわるい予感がした。トムが体調を崩していたことも頭の片隅にあったのかもしれない。もしこれがひどい病気で、このまま死んじゃうようなことあったらいやだな。

やがてその不安はぼくのなかでかたちを変え、「自分のしたいことをしたいし、見ておくべきものをちゃんと張り付いて見届けておきたい」という決意にも似た思いになって、むくむくと頭をもたげてきた。

それは、SAKEROCKの成長の近くにいたのに、日々の生活を優先して目にしておくべき瞬間をいくつも見落としていたという後悔にも似た感覚から来た思いでもあった。この年の3月に、ゆらゆら帝国が突然解散してしまったことも、少なからず影響をしていたかもしれない。やるべきことをやりきるという感覚を、心と体が強く欲していた。

結局、喉の痛みは取り越し苦労で、ひと月もしないうちにおさまった。その後もなんともない。もはや笑い話でしかないんだけど、このとき感じていたいろいろな思いが、ぼくの2010年代を決める伏線になってゆく。

12月、恒例のキネマ倶楽部でのSAKEROCKのワンマン・ライヴ。この年は結成10周年を銘打っていた。クリスマスを過ぎた26日には、赤坂ブリッツでももう一度ワンマンが行われ、こちらも見事にソールドアウトした。

いつもなら、こうしてSAKEROCKで楽しく締めくくっていた1年だったが、この年はさらに延長戦があった。

12月29日、渋谷O-nestで〈ending 2010〉と銘打ったカクバリズムの忘年会的なライヴ・イベントが行われた。

カクバリズムからのデビュー作となる10インチ・シングル「21世紀の日照りの都に雨が降る」をリリースしたばかりのceroを、この日初めてぼくは生で見た。

サポートメンバーでスティールパンやトランペットを演奏する怪人、MC.sirafuがセンターで、ｃｅｒｏの4人はその周りを囲むようにして控えめに振る舞うという奇妙なセッティング。まだまだやりたいことに手が届かずにジタバタとしている印象もあった。だけど、音楽はドン詰まりではなく、向こうに光は見えている。彼らが行こうとしている場所はきっといいものだと予感できた。

この夜のトリを務めたのは、ラッパー、イルリメが結成した新バンド、(((さらうんど)))だった。この時点では、ぼくはイルリメ以外のメンバーとはまったく面識がなく、バンドに対してもなにをやるのかまったく未知数な気持ちでいたが、ポップでシティな歌ものだったことにすごく興奮した。

持ち曲が少なく、アンコールでやるレパートリーがまだなくて、結局みんながなんとなく覚えていたシュガー・ベイブの「DOWN TOWN」をうろ覚えの状態でカヴァーしたのが最高だった。そのやぶれかぶれな楽しさが、薄い皮膜を突き破って、ぷしゅーっと次の時代からの知らない風を吹かせてくれた気がした。ダウンタウンにくりだそう。次の時代にくりだそう。

ほどなくして、阿佐ヶ谷駅で降りたぼくは角張くんに教わったＲｏｊｉに行った。

ｃｅｒｏのヴォーカルで、この店で働いているという高城晶平くんはこの日はいなくて、彼の母親であるルミさんが店を切り盛りしていた。

黙ってビールを飲み、帰り際に「こないだ、ｃｅｒｏのライヴに行ったんですよ」と伝えた。

するとすると、ルミさんの顔がパーっと明るくなって、「本当ですか？　よろしくお願いします！」と元気な関西訛りで返事が返ってきた。

第4章

平成23（2011）年　Today / Tomorrow

空気公団「季節」

3月11日、シアトルにいた。

正確にはシアトル時間だとまだ3月10日の夜だった。大江田さんとその日の買付を終えてモーテルに戻り、スーパーで買ってきたチキンをあたためたり、スープを作ったりしながら、思い思いの時間を過ごしていた。大江田さんはシャワーを浴びていた気がする。

ケーブルテレビのチャンネルでは、夜9時半からぼくの好きなティナ・フェイが主演・脚本・演出を務めるテレビ業界コメディ『30ROCK』をやっていた。この日のエピソードは、局の責任者（アレック・ボールドウィン）が資金集めのために架空の大災害をでっちあげ、テレビを通じて募金を集めようとぶちあげるという内容。「あはは、相変わらずひどいなあ（褒め言葉）」と言いながら、栓をあけたビールをぐいっと飲んだ。買付の夜は、この瞬間がいつもたまんない。

CMタイムになり、立ち上げっぱなしにしていたPCを見に行った。いまではどんなモーテルでもフリーWi-Fiによる常時接続が常識になっている。つい何年か前までは考えられなかったのにね。

ヤフー・ジャパンのトップページに「東北地方で非常に強い地震」というニュースが一行出ていた。

いま見ていた『30ＲＯＣＫ』とちょうどリンクするような出来事で、最初はわるい冗談かと思った。

大江田さんに「日本でわりとでかい地震あったみたいですよ」と声をかけたときも、まだそれほどおおごととはとらえていなかったはずだ。「また日本では臨時ニュースで通常の放送がしばらくつぶれるんだろうな」くらいの受け止め方。大江田さんの返事も「へえ」という感じだ。東京もかなり揺れたようなので、ハイファイに国際電話をかけてみたが、通じない。

やがてヤフーのトップページが切り替わり、「大津波警報発令」と表示された。ぼくも奥さんの携帯に電話してみたが、もちろん通じない。ただならぬ気配。

「大津波警報って……？」

ＣＮＮが日本のＮＨＫとの同時放送に切り替わったのは、夜10時半は回っていたころだったかな。すこしでも情報が知りたくて画面に見入ったが、正直言って見なければよかった。津波が陸を覆い、逃げ遅れた車を飲み込んでゆくシーンを空撮で映すのを、ただ立ち尽くしたまま見ているしかなかったから。上空から映る津波はとてもゆっくりで、だからよけいに残酷だった。レンジであたためたチキンにも、スープにも、ビールにも、ふたりとも手をつけるのを忘れた。

そのとき、千葉の近くで働いている弟からメールが入った。メールはCcで九州にいる実家の家族全員に無事を知らせるものになっていた。

電話は通じないけど、メールはOKなのか。ならばもしかしたらということで、スカイプで日本と連絡をとりあうことになった。そしてその時間帯あたりから、日本の友人たちや、ぼくが日本にいると思っているアメリカの友人たちから次々に心配のメールが送られてきた。

ヴァン・ダイクはいつものように文学的な言い回しで。エレン・デドリックさんは祈りの言葉を添えた文章で。「ぼくはシアトルにいるので大丈夫」と返事できたけど、「日本が大丈夫かわからない」としか答えようがないのがしんどかった。ハイファイでぼくの代わりに留守番勤務をしていた奥さんと連絡がとれたのは、それからすこしあとだった。お店もスタッフもとりあえず無事だとわかった。

自宅はどうなっているんだろう？　自宅には猫のペンコがいる。そのとき、なぜか人間がいないはずの自宅からのスカイプがONになった。どうやら、地震で動揺したペンコが歩き回って、デスクトップPCのキーを踏んづけたらしい。ペンコも無事、と。

しかし、渋谷のお店にいたスタッフはみな帰宅困難者となった。千葉から超絶な渋滞を抜けて駆けつけてくれた弟の車でようやく家に帰れたときには、すっかり真夜中になっていたそうだ。

東京はなんとかなった。震源に近い東北はどうなっているんだろう？　さらにはCNNが刻一刻と福島第一原発の危機を伝えはじめていた。

「ぼくらはせめて睡眠をちゃんととって気持ちを強く持とう」と大江田さんと話し合って、ひとまずベッドに横たわった。だけど、ぜんぜん眠れない。ついつい Ustream の日本の放送でリアルタイムの被害状況や原発の危機を見てしまう。

頭のなかでは、いろんな考えがぐるぐるするばかりで、ほとんど一睡もできなかった。驚くほど寝つきのいいのが自慢のぼくには、これは本当に珍しいことだった。

9・11のときも「この仕事（買付をするレコード屋）は終わった」と感じた。だけど、終わらなかったし、案外すぐに日常は戻った。だけど、それがのんきだったと思えるほどこのときの絶望感は大きかった。もっと人間の本質的なところから音楽や娯楽を楽しむ気持ちが消えてしまうんじゃないかという予感がして、自分の妄想に怯えていた。

翌日は買付の最終日で、本当はシアトルの店を数軒まわる予定だったが、その気力が湧くはずもない。ふたりしてぼーっと日本の状況を確認しながら時間を過ごした。

それでも夕方になって気力を振り絞り、今回買付したレコードを日本に送るために輸送会社を訪ねた。果たしてこのレコードを買ってくれるお客さんは、まだ日本にいるんだろうかと思いながら。

運送会社でぼくたちを受付してくれた女性社員は、なぜかとても気丈だった。「いまは大変だと思いますけど、明日か明後日には日本への飛行機も再開されますよ」とも言ってくれた。そして、彼女の言ったとおり、ぼくらが乗る予定だった飛行機はちゃんと飛んだ。アメリカ人の客はほとんど予約をキャンセルしたらしく、機内はがらんがらんだった。


成田空港に着いたのは、3月14日午後。この日、原発がもう一基爆発した直後で、そのニュースを着陸してすぐに知らされた。

いつもは内外の観光客でにぎわう空港内もおそろしく閑散としている。しかも、着陸できたのはいいが、計画停電が開始された影響で、都内まで向かう電車がすべて運休。吉祥寺に向かうバスに乗れそうだとわかったが、ダイヤが大きく乱れていて、ぼくらが乗れる便までは5時間ほど待つしかない。

しかたなく空港内のベンチに座って待っていると、おなじような境遇の帰国客がたくさんいて、みな口々に「これからどうなるのかね」と不安を語り合っていた。そのなかに、これからグアムに行くのだという恋人同士がいた。「せっかく取れたおやすみだし、今日から飛行機も飛ぶっていうんで来たんです」と彼氏が言う。そんなやりとりを聞いて「不謹慎な！」って怒る人もいるんじゃないかと思ったが、そんなことはなかった。むしろ、せめてもの明るい未来を若い恋人たちに託してるようで、その場にいたみんながうるっとしていた。

「いいわね、気をつけて、楽しんできてね」とおばさんが声をかけた。ありきたりな言葉が、とてつもなく温かく思えた。

都内を走るバスの窓から見えた街はめちゃめちゃ暗くて、不安しか感じなかった。吉祥寺駅から中央線に乗り、阿佐ヶ谷駅へ。駅前にはすこし日常が戻ってきているような気配があって、ちょっとだけホッとした。だけど、生きていた世界、暮らしていた街が完全に変わってしまったような感覚は、ずいぶん長いことぬぐい去れないままだった。

そして、まだ震災の余波も心中さめやらない4月、永井宏さんの訃報が届いた。「届いた」というのは正確ではなく、たぶん、SNSを見ていてぐうぜん「知った」のだ。ここ数年、ぼくは永井さんとはお会いしていなかった。中川五郎さんから「永井さんがすこし体調を崩している」と聞いたのは、すこし前のことだった。

それでも、2010年にはフォーク・シンガーとしての永井さんの初めてのアルバム

『The August Songs』を送っていただいていた。飾らないししゃれてもいないけど、永井さんそのものだと思えるその歌を、ぼくはときどき聴いていた。だから、よけいに訃報はショックでもあった。

永井さんのお葬式が執り行われるお寺は葉山の先にあり、ぼくの家からは2時間半はかかる。それに、そもそも呼ばれてない。

だけど、お別れに行くことを決めた。

「10年ほど前に永井さんと中川さんの本を担当した者です」とでも自己紹介できればよかったのだろうけど、この日は無名の同席者としてかなしみに触れることだけでよしとしようと思った。そして、ぐうぜん空いていた席に座った。

正面の遠くに見覚えのある顔が見えた。windbellというレーベルを主宰されている富田和樹さんだった。「富田さーん」と声をかけられるような距離でも雰囲気でもなかったけど、面識のある人がここにいるということが、自分の安心感の助けになったことは間違いなかった。

そういえば、永井さんのアルバムを聴いた黒木から「最後の曲がいいよね」とメッセージをもらったことがあった。じつは彼が褒めていたのはシークレット・トラックとして入っていたザ・バンドの日本語カヴァーのことだったのだが、ぼくは勘違いして、シークレットじゃないほうのラスト・ナンバー「クマと遊ぼう」を再生した。

タイトル通りの素朴で愛らしい曲。永井さん版の「森のクマさん」みたいな曲だった。永井さんなら、森でばったり会ったクマから逃げることではなく、遊ぶことを選ぶだろう。「あいつ（黒木）、こんなかわいい曲好きなんだ」とククク と笑いながら、ぼくはその曲をしばらく聴いていた。型通りの正しさに酔わず、間違いから生まれるものを信じてみないか。そんな勘違いもまた永井さんらしい仕込みだと思えた。

いろんなことがぼくの気分を乱高下させたが、それでも生活は続いた。月刊誌の原稿の締め切りも、なんだかんだで普通にやってきたし、取材もあったし、考えなくちゃいけないこともあった。

なかでも、5月に日本武道館で開催される予定だった忌野清志郎トリビュート・コンサート〈忌野清志郎　ロックン・ロール・ショー〉のパンフ制作は、大きなオファーだった。リズム&ペンシルの黒木と住田が、清志郎の病気からの復活コンサートの映像収録など生前から深くかかわる仕事をして信頼されていた流れで、ぼくに舞い込んできたオファーだったとも言える。

中学生以来のRCサクセションのファンだったし、ライターとしてはついに取材する機会は叶わなかったけど、あらためてこうして清志郎にかかわることができるのなら、それはとてもありがたいことだった。すでに震災前の時点で何度か打ち合わせもしていた。

しかし、このライヴも震災の影響で実現までは揺れに揺れた。まずは会場となる日本武道館が耐震検査のため使用許可がおりないのではないかという懸念があった。そのため、パンフの制作は中断状態が続き、3月末になってようやく「おそらくできるだろう」との見通しで再開することに。

4月には、清志郎について語ってもらう取材を続けざまにやった。京都で山口冨士夫、東京で細野晴臣、国際電話でスティーヴ・クロッパー。冨士夫さんのインタビューは映像としても記録して残すことになり、インタビュアーは住田が務めた（パンフ用の構成はぼくが担当した）。いざ対面するときはとても緊張したけど、清志郎のことを話す冨士夫さんは終始とてもやわらかい物腰だった。

このとき京都駅に降り立ってみて、沈み込んだ東京との違いをはっきりと感じた。桜の季節を迎えていた京都はとても晴れやかで、つい3週間ほど前に起きた大地震が別の国の話であるかのように、淡々と日常生活が営まれていた。

ここには以前と変わらない日常があることに不思議な違和感を感じながら、インタビュー後に高瀬川沿いを冨士夫さんと歩いた。「おれって、本当はこわくないんだよ？」と、ちょっとおちゃらけたように言ってたっけか。ぼくはTEARDROPS時代に清志郎と冨士夫さんが共演した7インチ・シングル「谷間のうた」にサインをもらった。

結局、日本武道館の使用許可が正式におりたのは、いよいよパンフの校了間近だったはず。かかわっていた全員が胸をなでおろした。

パンフを作るのはひさびさだったし、ある意味ではひさびさにリズム&ペンシルのチーム感のある仕事ともいえた。われながら、あれは自信作。知り合いからは、ぼくの作ったパンフだとすぐわかると言われた。「明らかに字が多いから」だそうだ。


清志郎トリビュートのパンフ制作も急ピッチで進み、ようやく気持ちが前向きに戻りかけてきた4月2日、渋谷O-nestでceroのファースト・アルバム『WORLD RECORD』のリリース・パーティーが行われた。

当日、遅れて会場に着くとお客さんが「片想いが」「片想いが」「カタオモロがカタオモイで」などとわけのわからない単語をうわごとのように漏らしていた。そのただならぬ気配に疑問を感じながらも、トリのceroを見た。年末に見たときよりもずっとしっかりした演奏で、この短期間の間に彼らがデビューという事実を強く意識したことが伝わってきた。

もちろん、そこにも3・11の影は否応なくあったのだ。本秀康さんによる『WORLD RECORD』のイラストは、ずっと前に描かれていたものなのに、3・11直後のネオン自粛や計画停電で暗闇に包まれた東京を予見してしまっているように見えた。この日の演奏にも、その不思議な宿命を引き受けるかのような責任感をぼくは感じていた。

「大停電の夜に」ではフロアの照明がすべて消され、カクバリズムのスタッフが小さなピンライトからの光でステージをぼんやりと照らし出していた。まるで夜の海に浮かぶ鬼火みたいだった。角張くんの実家は宮城県の海側で、実家こそ被災を免れたものの、ぼくらには計り知れない痛手を心に抱いていたのは間違いないことだった。

やがて、夜が明けるようにステージに光が戻り、音楽が息を吹き返した。

「このバンドにつきあう」と決めたのは、あの夜だったと思う。「これから」を生きてく人たちのやる音楽と、それが生まれる場所を見ていこうと決めた。

じっさい、その「これから」が、めっぽうおもしろかったのだ。

夏が来る前に、ｃｅｒｏの初代ドラマーの柳智之くんがイラストレーターとしての画業専念のため、バンドを抜けることになった。デビューしたばかりのバンドから、いきなり長年のメンバーが抜けるなんてどうなの？とも思ったが、それも彼らの決断だ。

柳くん在籍時の最後のライヴは、宇田川町の地下にある１００人も入らない小さなライヴハウスで行われた。その日はMC.sirafuもいない４人編成のｃｅｒｏだった（いまにして思えば、貴重なものを見ていた）。

そこで、ぼくは思いがけない人物を発見する。

「あれ？　あの顔の濃い人、GUIROのベースじゃなかったっけ？」

GUIROの活動休止後に名古屋を離れ、東京であらたな活動の場を求めていた厚海義朗くんとぼくが再会したのが、その日だった。といっても彼と言葉を交わすようになるのは、もうすこしあとの話。その場では、ただ「GUIROの人がceroを見てたぞ……」という興味深い事実だけを心に記録しておいた。

そのころ、ceroの橋本翼くんがやっているソロ・ユニット、ジオラマシーンのアルバム『国道沿いのオーケストラ』を手に入れ、よく聴いていた。

そのジオラマシーンがライヴをやるというので、行くことに決めた。場所は所沢のMOJOというライヴハウス。対バンには、4月のceroのリリパでお客さんに謎のうめき声をあげさせていた「片想い」がラインナップされていた。

このころ、磯部涼くんにも「松永さんは片想い、ぜったいに好きになりますよ。NRQみたいなところもあるバンドだし」と言われていた。彼の勧める言葉には確信が持てた。かつて『Quick Japan』のお花見で軽く会話した磯部くんとひさびさに再会したのは、ceroのライヴ会場だった。

ぼくが東京のインディー・バンドのライヴに興味を持ってよく足を運ぶようになったこの時期、よくそこに見に来ていたライターは、いわゆる音楽雑誌系のライターではなく、磯部くんと九龍ジョーくん、そして「青春ゾンビ」というブログをやっているヒコさんくらいだった。

所沢にたどり着くのが遅くなり、残念ながらジオラマシーンの演奏はぼくがお店に着いた瞬間に終わった。その代わりというのも変だが、片想いをようやく見ることができた。素人劇団のようないでたちのメンバーが奏でる独特かつソウルフルな音楽の衝撃は大きく、とりわけ「ぼくが泣いている理由なんてわからないだろう」と女性メンバーが繰り返し歌う曲がすばらしいと感じた。

物販には片想いのCDはなく、『kataomoi vs videotapemusic』という詳細不明のDVDがあったので、それを買って帰った。まだこの時点ではVIDEOTAPEMUSICことビデオくんの存在も認識してない。そういう変わったタイトルの作品なのだと思っていた。ついでに言うと、同行した奥さんに向かって帰り道に「あのバンド、きっとキーボードの人(issy)がリーダーだと思う。すごく曲者っぽいよね」としたり顔で語っていたのだから、ぼくの眼力なんて知れたもの。

帰ってすぐに片想いのことを調べた。YouTubeに下北沢440で1年ほど前に撮影された「踊る理由」という曲のライヴ映像があがっていた。それがあの曲だった。やっぱり泣けてくるほどすばらしい。何度も繰り返し見て、見事さに酔った。あとでわかったのだが、その映像を撮影していたのは九龍ジョーくんだった。

このころ、ココナッツディスク吉祥寺店のブログもよくチェックするようになっていた。

お店に入荷した中古レコードのことだけでなく、店長の矢島和義さんが推薦する東京のインディー・バンドにきになるものが少なくなかった。

ある日のブログで、スカートというバンドのＭＶ「ハル」を見た。

「ん？　スカート？」

その名前と、歌っている男の子に見覚えがあった。「もしかして、あの、なぞなぞに応募してくれた大学生の澤部くん？」

その通りで、「ハル」は、彼が自主制作で２０１０年の末にリリースしたファースト・アルバム『エス・オー・エス』からのＭＶだった。そのジリジリとした焦燥感と卓越したメロディ・センスや表現力に驚いて、すぐに『エス・オー・エス』を買いに行った。

じっさいに澤部くんと会ったのはアルバムを買ったすこしあとで、渋谷O-nestだったと思う。友人のゼキさん（大関泰幸）がすでに澤部くんと知り合いになっていて紹介してくれた。お互いに度を越した漫画好きだと知っていたし、ぼくらはすんなり打ち解けた。

その場に角張くんが居合わせていたので、ぼくとゼキさんで「来年（２０１２年）のインディーファンクラブにはスカート出すべきだ」とアピールした。すると角張くんも「ふたりがそう言うんなら、出しましょう」と、いい感じの返事をくれた。その場では冗談みたいなノリだったけど、翌年スカートの出演は本当に実現した。

澤部くんがスカートの次のアルバムを作るというので、それができたタイミングでインタビューをしようと持ちかけたのもこの年のことだ。2010年の秋、京都の女性シンガー・ソングライター、安藤明子さんを相手にしたぼくのブログでのロング・インタビュー企画が好評だったので、その延長線上で、いまぼくがおもしろいと思ういろんな人に話を聞いていくシリーズをやろうかと考えていたのだ。澤部くんは、その企画にうってつけだった。

スカートにとって最初のヒット作となり、彼のミュージシャンとしての人生を大きく動かす作品となったそのアルバム『ストーリー』は12月にリリースされた。

9月。大江田さんとディスクユニオンの共同企画で、アニタ・カーのボックス・セットが編まれることになった。アニタ・カーは1950年代にデビューした、アメリカのコーラス・ポップスの才女で、大江田さんの心のアイドルだった。80歳を超えても元気で、すでに大江田さんとはメールでやりとりをする仲だった。

「この機会にぜったいに彼女に会うべきだ」と、『ポパイ』やフリー・デザインで成功した話を引き合いに出してぼくがけしかけたこともあり、彼女が暮らすスイスのジュネーヴまでぼくも通訳を兼ねて同行した。

しかし、ジュネーヴまでたどり着いたのはいいのだが、いよいよアニタに会うという前日、ぼくが腹痛で昏倒。ひどい痛みで何度も気を失うほどだった。

盲腸の痛みだと思って夜中にタクシーで救急病院に行って、痛い場所を指さしたら「盲腸は逆側ですよ（苦笑）。便が詰まってるだけなんで、浣腸をしましょう」と言われたという笑い話みたいな実話を、かつてぼくは身をもって経験していた。なので「今回もそれだと思います。なので浣腸を買ってきてください」とうなされながら大江田さんに伝えた。「よし、わかった」。スイスまで来て、憧れの人に会う直前なのに、薬局まで浣腸を買いに行かされるなんてひどい話じゃないか。

でも、健気にも大江田さんは「これは相当に効くやつだそうだよ」と2個入りのを買ってきてくれた。しかし、2個とも使ってもぜんぜん痛みは収まらない。

「も、もう1個お願いします」

「もう1個？」

そんなすったもんだを繰り返すうちにぼくは失神し、目が覚めたらお医者さんが呼ばれていた。診断は、ウイルス性の胃腸炎。「いま、このあたりで流行ってるんですよ」とのことだった。薬を処方してもらい、ぼくは安心してからまた気を失った。そして翌日にはなんとか動けるようになり、大江田さんとアニタの対面で通訳を無事に務めた。

10月。見覚えのない差出人からハイファイ・レコード・ストア宛に封筒が送られてきた。開けてみたら、なんと坂本慎太郎のファースト・アルバム『幻とのつきあい方』のサンプル盤が入っていた。見知らぬ送り主はマネージャーさんの名前だった。めちゃめちゃびっくりして、変な声が出たのをスタッフに聞かれていたかも。

あとになって、2010年の『ミュージック・マガジン』の企画「ゼロ年代アルバム・ベスト100（邦楽編）」で1位に選ばれた『空洞です』について、ぼくが書いた文章を坂本さんが読んでくれて、それがきっかけでソロ作のサンプルを発売より先に送ってくれたのだと知った。お礼のメールを送ったら、坂本さんから直接返事が来た。その文面はスマホにコピーして、しばらくお守りのように持ち歩いていた。

12月25日、渋谷WWWでceroのワンマン・ライヴ〈Contemporary Tokyo Cruise〉が行われた。

新ドラマーとしてサポートを務めるのは、シンガー・ソングライター、あだち麗三郎。ceroとは古くからの交流があり、片想いでもドラムを叩いていた彼が加わり、ceroは「第二形態」となった。

この時期、ceroの演奏はすでに次のアルバムへの予感をはらんだものになりつつあった。〈Contemporary Tokyo Cruise〉というライヴのタイトルにも、3・11後の東京から出航した船が漂流しながらたどり着く場所であたらしい表現を探す意志が感じられていた。

この日、Rojiの忘年会が12月30日にDJとライヴのオールナイトで行われると知った。

「楽しそう。ＤＪしたいなあ」と軽い気持ちで言ったら、「ビデオくんに相談したらいいですよ」と誰かに助言され、ライヴを見に来ていたVIDEOTAPEMUSICことビデオくんと初めて話した。彼は快諾してくれて、思いがけない展開でぼくもＲｏｊｉの忘年会に出ることになった。

この年のＲｏｊｉの忘年会は思い出深い。日付が変わるまではＤＪ、12時を回ったらアコースティック・ライヴという構成。澤部渡、王舟、Alfred Beach Sandal、mmm、厚海義朗、伴瀬朝彦といった面々が入れ替わり立ち替わり朝まで歌った。この夜、初めて話した人も、初めて歌を聴いた人も多かった。

そして、自分の暮らす街に、未知の才能がこんなにたくさんいることを知って驚いた。音楽雑誌ではアメリカのブルックリンやポートランドなど地元に密着したシーンからすぐれたバンドやミュージシャンが送り出されていると囃し立てていたけど、「なんだ、すぐここにあったじゃん」と心から思ったのだ。

日付が変わって大晦日。みんなもぼくもすでにかなり酔っ払っていた。明け方、酔っ払った王舟が誰かとＲｏｊｉの階段で音楽の話で激論していた記憶がある。

あの議論はなんだったっけ？　31日はなにをしていたっけ？　『紅白歌合戦』を見てか

ら、奥さんといつものように近所の神社までお参りに行ったんだっけ？　おみくじは大吉だったんだっけ？　ほとんど思い出せない。２０１１年は、いろんなことがありすぎた。だけど、２０１１年に出会った人たちや音楽が与えてくれた衝撃は、いまでもすぐに思い出せる。３・11があって、それより前にあった幸せな感覚はすべて終わってしまったと、あのときは思ってた。でも、それは違った。むしろあの日が裂け目になって、あたらしいことがはじまった気がした。

「これから、ここで、なにかが起きるかも」

すべての出会いがいきなり出揃ったわけじゃない。じっさいにはゆっくりと1日ずつ、あっちこっちに出向いて、実地で知っていった。いまではすごく仲がいい人たちでも、まだまだこの時期には出会っていない人もたくさんいた。だけど「まだ知らない音楽が、出会ってないミュージシャンが、こんなに近くにいる」と思うだけで、興奮していられた。

この年、SAKEROCKは9月に、あとにも先にもこれが唯一となってしまった日比谷野音でのワンマンをやった。しばらくして、馨くんが年末のツアーを最後にSAKEROCKをやめると聞いた。

東名阪で行われたそのツアー〈さようなら今年！　SAKEROCKの暮れの元気なご挨拶ツアー〉には、ぼくも同行した。４人のSAKEROCKじゃなくなるのは、長く見てきた景色がなくなるわけでもちろんものすごいショックだったけど、4人最後のワンマン・ツアーはふっきれたようにすがすがしいものだった。

馨くんがこのツアーのファイナル、つまり自分が抜ける最後の日にSHIBUYA-AXで歌った河島英五の「時代おくれ」は、自分で自分を送る歌みたいに聴こえた。「本当にこいつは頑固だなあ。でも最高におもしろいやつだったなあ」と感じ入った。

SAKEROCKにとってひとつの季節が終わったのがこの2011年だったというのも、ぐうぜんのようで必然だった気もした。そして、バンドという枠から離れ、「サケロックという変な集団」での活動継続を選択した彼ら3人は、この翌年、またしても驚くべき変化をすることになる。

源くんのシングル「くだらないの中に」は、この年の3月2日に発売されていた。シングルには、ソロのライヴで当時オープニングによく歌われていた「歌を歌うときは」が入っている。CDであらためてクレジットを見たとき、「へえ、歌なんだ」と思った。以前の源くんなら「うた」と書いていたし、SAKEROCKでは「唄」も使っていた。だけど、そのときは「歌」だった。

源くんの変化と決意を記したあのシングルが、もうすこしあと、つまり震災後のリリースだったら、きっとタイミングも意味合いも違うものになっていただろう。あの前に、ちゃんと決意を伝えることができていた。それもぐうぜんのような必然だと思う。

ｃｅｒｏの『WORLD RECORD』だって、そうだ。震災後にあれが出ていたら、まったく違う意味合いになっていたかもしれない。

「くだらないの中に」も『WORLD RECORD』も、ぼくにとって３・11の前と後をつなぎ留めるとても重要な作品になった。

３月14日に帰国してからしばらくして、いまの気分で選曲をして自分のためにミックスCDを作った。タイトルは『Today/Tomorrow』。「今日と明日は違う」とも言いたかったんだろうし、「でも、今日は明日に続いている」とも思いたかったんだろう。

そのなかで、空気公団の初期の名曲「季節」をぼくは選んだ。

この曲の聴こえ方は、たしかに、震災の前と後では変わったかもしれない。たわいもない大学生たちの気分をスケッチしたような曲なんだけど、「なにかをなくしてしまったあと」みたいな空気感もある。まあ、そんなこと分析して聴いてたわけじゃない。だけど、3月はこの曲ばかりリピートしていた。そのとき、ぼくはきっと救われていたんだろうなと思う。

平成24（2012）年　あたらしい日本のおんがく

ペイシェンス&プルーデンス「ア・スマイル・アンド・ア・リボン」

心も体もてんやわんやだった2011年に、自分のなかで未解決のまま積み残したことがあった。友人のトム・アルドリーノのことだ。

1年ほど前から体調を崩していたトムとは、しばらく会っていなかった。彼を気遣う人たちがちょくちょく様子見に家に寄ってはくれているようだったけど、心配は募った。

2011年夏の買付は、ここ数年恒例行事になっていた弟との旅で、トムの地元スプリングフィールドの近くまで来たので、しばらく連絡がとれない状態が続いていたけど思い切って訪ねてみることにした。

直前に電話を入れてみたら、ぐうぜんにもこの日は出てくれた。「いつでもいるよ」と弱々しい声でトムは答えた。

「トム！　入るよ」

彼が家にいるときは、鍵はいつも開いていた。物音を聞きつけ、テレビのある部屋からトムが這うように出てきた。その姿を見て、ぼくはたじろいだ。あのふさふさとした天然のカーリーヘアが総白髪になり、生気をうしなったようにしなだれていた。トムと一緒にじゃれあっていたデブ猫のタフィもいない。「すこし前にタフィは死んじゃったんだ」とトムは疲れた声で言った。

日本の地震のことや、ドゥーピーズやヤン富田の近況（トムはいつもそれを気にしていた）を話したりしたけど、すこし話すとすぐだるそうに横になってしまった。

それでも、「最近よかったのはね、ハイ・ラマズのあたらしいレコード」と言って、彼らの新作『タラホミ・ウェイ』をかけたりしてくれた。A面が終わりきらないうちに、彼は眠りこけていたけど。おみやげ代わりのCDを何枚か置いて、うつらうつらしているトムに「またね」と声をかけて家を出た。

帰り道、車を運転しながらぼくに弟が声をかけてきた。

「会えたし、よかったな」

元気なころのトムを知っている弟も、とまどいを隠せないでいるのがわかった。「うん、そうな」と、ぼくも心ここにあらずな返事をした。マンハッタンに向かう車のなかで、そのあとふたりともしばらく無言だった。

その年の10月の終わり、トムが住むニューイングランド一帯を記録的な大雪が襲った。交通は寸断され、多くの家庭でライフラインが数日にわたって止まって大混乱だというニュースは日本でも報道された記憶がある。

トムが自宅で倒れているのを発見されたのは、ちょうどそのころだったそうだ。発見されたときは昏睡状態で、すぐに救急病院に運び込まれた。幸運にもなんとか一命を取り留め、年末には会話もできる状態になったと聞いた。今度こそすぐにお見舞いに行こうと、年明けすぐに渡米する手はずを整えた。ちょうどマンハッタンで新生ＮＲＢＱのライヴも予定されているタイミングだった。

２０１２年が明けた1月7日の昼、お店で仕事をしていたら、スマホに１通のメールが届いた。

トムが亡くなったという報せだった。ふと看護師さんが目を離したすきに、眠るように息を引き取っていたそうだ。

「あー」と声が出てしまった。自分でもびっくりするくらい、感情が死んでしまった声だった。そのままトイレに行って、何度も何度も鼻をかんだ。そうしないと泣き声が出てしまうからだった。

病状が深刻だと聞いていた時期もあったので、覚悟をしてなかったわけじゃない。それでも、トムがいなくなった事実を飲み込むのは想像した以上につらかった。２００５年から１日も欠かさず、震災の当日でさえ書き続けたブログは、この日で止まった。

ぼくは、友人と先生を一緒になくした。

トムが亡くなったので、お見舞いに行くつもりで立てた旅程は、家主がいなくなった彼の家を訪ねる追悼の旅になってしまった。

彼が遺《のこ》した2匹の猫は、それぞれ別の家であたらしい飼い主さんと暮らすことになったという。遺品整理の過程で、地下のレコード棚からは彼が高校時代に作った宅録ソロ・アルバム『ブレイン・ロック』の続編が出てきた。3枚作ったって言ってたのは本当だったんだ。セカンド・アルバムは『ワン・ストロー・ジョブ』、サード・アルバムは『パス・ザ・マシュマロズ』。両方ともジャケットまで完成していた。いつの日かあの音源をデジタライズして聴くことができたらいいんだけど。

遺品のなかには、ビーチ・ボーイズの幻の作品と言われていた『スマイル』がいつか出ることを夢見て、少年時代のトムが想像で描いた自家製ジャケット・イラストなんてものまで出てきた。彼が遺したひとつひとつが、ひとりの人間がキュレートしたアメリカ音楽史そのもので、ぼくにとってはどれもが博物館の貴重なアーカイヴに分け入るような発見だった。

生きてる間にもっと地下室を探索しておけばよかったのにね。でも、トムがまだ元気なときは、彼が話すことやいま興味を持って触れている音楽自体が現在進行形の教科書だったから、それ以上のことは望む余地もなかった。「いまこれがいいよね」って話をするだけで、いつだってぼくの音楽脳はすっかりしあわせになれていたから。

トムの家を辞して、ニューヨークに戻った。

その週末にはNRBQがニューヨークでライヴすることになっていた。いまもバンドを率いるテリー・アダムスは、40年近く前、まだ10代だったトムをバンドに引き込んだ本人でもあった。当然、誰よりも喪失感を抱えているだろうにテリーはみんなの前では気丈に振る舞っていた。

その夜、ぼくのそんな疑問に対してテリーは音楽で返事をした。ライヴ中、彼は突然ピアノである曲を弾きはじめた。それは1950年代に人気があったペイシェンス&プルーデンスという少女姉妹デュオの「ア・スマイル・アンド・ア・リボン」という曲。テリー・ツワイゴフ監督の映画『ゴーストワールド』で、傷心のイーニド（ソーラ・バーチ）が部屋でひとりで聴いた、あのシングル盤の曲だといえば思い出してくれる人もいるかも。

トムはペイシェンス&プルーデンスが大好きで、お姉さんのペイシェンスから届いたファンレターへの返事を大事に飾っていた。そのことをきっとテリーは知っていたよね。

そういえば、NRBQが1999年に来日したとき、ライヴ中にトムがバカラックの「ディス・ガイ」を弾き語りしたことがあった。

トムの歌はNRBQのライヴではコメディ・パートのように受け止められることもあったし、このときも笑い声や「かわいい」みたいな声があがっていたと思う。

だけど、どういうわけか、ぼくはあの歌を聴いて大泣きしてしまった。まるで音楽の神に自分を捧げるように、神妙に目をつぶって「こいつはきみに惚れてるんだよね」とくそまじめに歌っててねえ。

あとでトムは「ギャグだよ、ギャグ」と照れ臭そうに釈明していたけど、ぼくはそう思わなかった。あのときの「こいつ」は「ぼく」だったし、「きみ」は「音楽」そのものだったと思うから。

トムがこの世にいなくなったことを思ってテリーが歌う「ア・スマイル・アンド・ア・リボン」には、あの夜の「ディス・ガイ」とおなじ匂いがした。テリーは「トムに捧げるよ」なんてことは最後まで言わなかったけどね。

もっとささやかに、とても個人的に、テリーはトムが好きだった「ア・スマイル・アンド・ア・リボン」っていう曲を、自分の手でたいせつにくるんで、にこっと笑って、リボンをつけて、生涯の友人に贈り届けたんだと思う。稀に、音楽はそういうふうに鳴ることがある。

海の向こうの大きな喪失からはじまった2012年。日本では、引き続きあたらしい音楽を発見し続けていた。

1月の下旬、新代田FEVERで、TUCKERのサード・アルバム『TUCKER Plays 19 Post Cards』のリリース・パーティーがオールナイトで行われた。cero、TUCKER、そしてトリが福岡の奇才NONCHELEEEという大胆な組み合わせ。文句なしに最高だったNONCHELEEEを見届け、タクシーを相乗りして阿佐ヶ谷まで帰った。そのときに一緒になったのが「なかしー」という女の子だった。

阿佐ヶ谷駅から旧中杉通りを北に向かって、なかしーとしばらくふたりで歩いた。そのとき彼女が熱心に勧めてくれたのが、柴田聡子という女性シンガー・ソングライターだった。たしか、歩きながら「カープファンの子」のライヴ映像を見せてくれたんじゃなかったかな。

しばらくして南池袋のミュージック・オルグで、当時の彼女の数少ないリリースだったCD－R『夏のデモ』『春のデモ』を同時に買った。あらためて弾き語りのライヴを見たときも、次々に新曲を作っては歌い続ける彼女から匂い立つ才能に驚嘆した。ファースト・アルバム『しばたさとこ島』が出たのは、それから約半年後のことだった。

3月、『Quick Japan』から数年ぶりに依頼が来た。片想いを取材しないかという、うれしいオファーだった。去年の夏に聴いて衝撃を受けていた曲「踊る理由」が、今度カクバリズムから7インチでリリースされることになっていた。

取材は吉祥寺MANDA-LA2の上にある居酒屋で行われた。NRQのセカンド・アルバム『のーまんずらんど』のリリース記念ライヴに片想いが出演することになっていて、そのリハーサル後の30分で話を聞くということになっていた。当初「メンバーから2、3人が取材に応じる」と聞いていたが、蓋を開けたら8人全員が揃ってグダグダと混乱した取材になった。タダ酒が飲めると聞いてみんな集まってきたそうだから笑える。ceroのサポート・ドラマーとしてすでに知り合っていたあだち麗三郎以外のメンバーとは、この取材ではじめて言葉を交わした。

4月には、1年間のロンドン滞在を終えた女性シンガー・ソングライター、野田薫の帰国記念ライヴがRojiで行われた。共演には、かつて彼女のファースト・アルバムをプロデュースした、あだち麗三郎。

とてもすがすがしい空気でライヴは終わったが、この夜のRojiにはその後もなんとなく音楽でみんながほどよくハイになったようなムードが残っていた。

ceroとかかわりの深い表現（Hyogen）というバンドをやっている佐藤公哉《きみや》と古川麦《ばく》が最初に現れ、野田さんのバックを務めたリズム隊といきなりセッションのように演奏がはじまったのにはびっくりした。さらに、そこに去年の忘年会で知り合った伴瀬朝彦くんも現れた。片想いやホライズン山下宅配便のメンバーである彼にはソロでの持ち歌もあり、なかでも「いっちまえよ」という曲はすさまじくいい。この夜も、みんなからリクエストされ、彼は「いっちまえよ」を歌った。

いま東京で生まれている音楽の重要なハブとしてのRojiを本当に意識したのは、こういう夜のおかげだった。ここは「特別」と「普通」の境目がまるでない場所だと思えた。

6月に行われたこの年の〈下北沢インディーファンクラブ〉では、そういうシーンから登場したあたらしいバンドやミュージシャンがいよいよ中心にキャスティングされるようになってきた。イベントがスタートした2年前とはずいぶん様相が違ってる。

ココナッツディスク吉祥寺店で激推しされていたバンド、ミツメをSHELTERで見たのも、この年の〈インディーファンクラブ〉だった。シーンのキーマンとなっていたあだち麗三郎やMC.sirafuは、いくつものバンドで出番を掛け持ちして、下北の街を1日中めまぐるしく走り回っていた。

そういう変化の瞬間を言葉で残したくて、九龍ジョーくんにお願いして『ＣＤジャーナル』誌上で対談してもらった。それが「あたらしい日本のおんがく」という記事になり、のちに九龍くんの初単行本『メモリースティック』にまるまる収録されたのはうれしかった。

この「あたらしい」シリーズはその後も磯部涼くんや多屋澄礼さんなどを迎えて、不定期企画として続いた。漫画家の大橋裕之くんが『ＣＤジャーナル』で連載を持っていた関係で、この企画ではぼくと対談相手の似顔絵を描いてもらった。いろんな人にぼくの似顔絵を描いてもらうというマイブームは、ここからしばらく続いた。

7月にはフジロックのFIELD OF HEAVENにｃｅｒｏが出演した。三日目の一番手。フードコート近くの林で、ルミさん、トシさん（髙城くんのお父さん）ら、Ｒｏｊｉチームと合流し、HEAVENまで歩いて行った。

二日目の昼には、おなじFIELD OF HEAVENに源くんも出演した。セカンド・アルバム『エピソード』を経て、彼の人気はすごいものになりつつあった。あの場所にあれほど人が集った光景はなかなか見たことがない。ライヴ自体も、超満員の観客の期待に応える堂々としたものだった。ただならぬ感じになりつつあるのは人気だけじゃないと実感したのは、まさしくあの日だった。

2012年はカクバリズム10周年の年にあたり、秋に東名阪で大きなイベントが計画されていた。今回は最初からパンフ制作を担当する立場でかかわった。

表紙は5周年に続いて漫画家の本秀康さん。内容は関係者全員アンケートと、スペシャル対談「サイトウ〝JxJx〞ジュン×星野源」「本秀康×角張渉」。そして、ちょうどそのころぼくがはまっていた単行本『森山中教習所』の真造圭伍くんに描き下ろし漫画をお願いすることになった。

スカートの澤部渡やイルリメ鴨田潤も参加して話題を呼んでいた新世代の漫画雑誌『ジオラマ』に真造くんはレギュラーで描いていたので、澤部くんを経由して連絡先を聞いた。OKの返事に「ceroが好きです」というコメントが添えられていた記憶がある。吉祥寺で打ち合わせをして、最終的に6ページ漫画「トレーは六つに」が完成した。

パンフは例のごとくギリギリでの入稿で、納品されたのはこのイベント・ツアーの初日だった大阪・難波ハッチ当日の朝。

このイベントでのSAKEROCKは、メンバー3人にストリングスやキセルの辻村豪文《たけふみ》らをサポートに加えた9人のスペシャル編成。まさに「サケロックという変な集団」というコンセプトを体現したような演奏を繰り広げた。カクバリズムのニューカマーという立場から、早くも次世代を担う重要バンドになりつつあったceroは、ちょうどこのツアーの合間にセカンド・アルバム『My Lost City』が発売されるというタイミング。10周年はひとつの区切りでもあったけど、確実に変わりつつあるシーンのムードを反映もしていた。

そのイベントがにぎやかに終わり、11月には、代官山のライヴハウス「晴れたら空に豆まいて」に〈箱庭良法〉というイベントを見に行った。

出演していたのは髙城くんのソロ、石橋英子、麓健一。このとき、髙城くんが歌う「鬼火」という曲を聴いた。yumboという仙台を拠点にしたバンドのカヴァーだった。

2011年の震災直後、yumboがYouTubeで公開した新曲が「鬼火」であり、震災の記憶とは切り離せないものだった。yumboはこの年のインディーファンクラブにも出演していたけど、ぼくは見ることができなかった。年明けに予定されているceroの全国ツアーで、仙台ではyumboと対バンだと知り、それを見に行くことをひそかに決意した。

おなじ11月、江古田にある日大藝術学部で行われた〈プチロックフェスティバル〉に出かけた。SAKEROCKを脱退した田中馨くんのソロ・プロジェクト、Hei Tanakaの初ライヴが行われることになっていた。その日見たHei Tanakaはいまとは形態の違うトリオ編成だったけど、爆発した闇鍋を全身で浴びさせられたような予測不能の音楽にめちゃめちゃ興奮した。なにより、SAKEROCKでの最後のライヴで「時代おくれ」を朗々と歌った馨くんの頑固な魂が健在なことをぼくは喜んでいた。

２０００年代後半、まだ作品をリリースしていないあたらしいバンドやシンガーを知る機会の多くはMySpaceというウェブメディアだった。２０１０年代になると、その役割はYouTubeに移行した。

YouTubeにアップされていた森は生きているというバンドの音源にびっくりしたのも、この年の暮れだった。「ハイ・ラマズ・ミーツ・はっぴいえんど」とでも言いたくなるような、なつかしさもはらみながら現代的としか言いようのないサウンド。いったいどんな人たちがやっているのかと妄想していたら、出会いは案外すぐに訪れた。

12月、新代田FEVERで行われたとんちれこーど主催のイベント〈とんちまつり〉。「とんちれこーど」とは、片想い、ホライズン山下宅配便の両バンドが運営している自主レーベルで、いまの東京インディーの盛り上がりのバックグラウンドになるような動きを数年前から行っていたのが彼らだった。

その不思議なイベントで、ぼくは森は生きているをやっていたふたりの若者と知り合った。ギターの岡田拓郎とヴォーカルの竹川悟史。その場で森は生きているのCD－Rをもらった。そして、年明けに吉祥寺曼荼羅で予定されていたライヴに行くという約束をした。

年も押し迫ったころ、源くんが倒れたという報せを受けた。制作中のサード・アルバムのために最後の歌入れを終えた直後だったという。

聞いた瞬間、体が固まって、頭の奥がジーンとしびれた。トムの身に起きたこととイメージが重なって、よけいに気持ちが動揺した。とにかく無事であってくれ。

ほどなく状況がわかってきて、処置が迅速で最悪の事態はまぬがれたと聞いた。時間はかかるかもしれないけど音楽の世界には問題なく復帰できるだろうとのこと。とにかくそれがなによりだった。

落ち着いたらお見舞いに行こう。SAKEROCKでもソロでも役者としても多忙を極めた1年だったんだもの。ひさしぶりにゆっくり話ができるかもしれない。

平成25（2013）年　自分で大賞を作ってみた

ランタンパレード「甲州街道はもう夏なのさ」

年明けにお見舞いをした源くんは、こちらが想像していたよりはるかに元気そうだった。驚くほどの早さで仕事に復帰して、最初の生放送仕事だったラジオ番組『RADIPEDIA』の夜は、角張くんたちと一緒にぼくもJ-WAVEに行った。

さすがにいきなり以前とおなじようなペースで仕事するというわけにはいかなかったが、録り終えていたサード・アルバムの発売も待ち望まれていたし、リリース後には日本武道館での初ワンマン・ライヴも決まっていた。

しかし6月の末、再び源くんは入院した。検査の結果がよくなく、万全な状態で復帰するために思い切って開頭手術をすることになったという。そのため、日本武道館公演も延期された。ぼくとしては心配しつつも事態が良い方向に進むことを願うのみだった。

この年の1月からは、渋谷のクラブＷＯＭＢ（ウーム）で、マンスリー・イベント〈月刊ウォンブ！〉がはじまった。

オーガナイザーの仲原達彦くん（ぼくらは彼をタッツと呼んでいる）は日大藝術学部出身でceroの髙城くんの後輩にあたる。日藝の学祭での〈プチロックフェスティバル〉や、さいたまスーパーアリーナの一部をライヴスペースとして活用した〈TOIROCK FES〉などを仕掛ける若きアイデアマンで、このころはまだRojiでバイトもしていた。すっかり大きなイベントになっていた〈下北沢インディーファンクラブ〉に、あたらしい世代のインディー・バンドを推薦していたのも彼だった。

〈月刊ウォンブ！〉は、タッツが手がけてきたいろんなイベントの総まとめ的な意味合いもあるもので、いま見ておくべきバンドやシンガーを集めたショーケースでもあった。まだ音源をひとつも出してなかった時代の思い出野郎Aチームをぼくが初めて見たのも〈月刊ウォンブ！〉だった。

ハウスやテクノ向きのクラブで、バンド・サウンドには不向きな高い天井の構造だったWOMBで、ステージ代わりのリングを設営したり、見る側の集中力を逸らさないように工夫したところにも感心した。DJ（マイケルJフォクスとBIOMAN）、司会（長州ちから）を1年通じて起用し続け、継続することで見えるものを提示しようとしたおもしろさもあった。

翌年には、イベントに連動して架空の漫画雑誌『少年ウォンブ！』（本当に『少年ジャンプ』のサイズだった）まで制作したのだから、その無駄な情熱には頭が下がる。結局、ぼくは全12回のうち10回出席し、最終回のカラオケ大会では審査員も務めることになった。

〈月刊ウォンブ！〉はライヴだけでなくフリーマーケットも毎回開催していて、そのなかから『GHOST WORLD』というｚｉｎｅが誕生した。これを作っていたのが、数年前から〈東京の演奏〉というライヴ・イベントを主催し、ｃｅｒｏや片想い、ホライズン山下宅配便を積極的にバックアップしていたこっちゃんという女性と、片想いの女性ヴォーカル、オラリーのふたり。

『GHOST WORLD』は〈月刊ウォンブ！〉の出演者や関係者にスポットを当てたロングインタビューと、コラムや漫画などで構成されていた。ぼくも「君のあにきはそう決めた」という連載をした。シンプルな四つ折りだがスタイリッシュで読みやすいデザインだったし、取り上げる対象への知識と愛情も十分。毎月『GHOST WORLD』に掲載されるインタビューを読むことが、ぼくにとっていまこの場所で起きていることを深掘りする勉強にもなった。

11月にはこの『GHOST WORLD』の取材で、当時は地元の奈良に住んでいたBIOMANを訪ねることになり、ぼくも同行した。BIOMANは〈月刊ウォンブ！〉では毎回ＤＪを務めていたが、本業は大阪のバンドｎｅｃｏ眠るのメンバーで、実兄がミュージシャンのオオルタイチという血筋の持ち主。当時は実家のある奈良で、農作業をしながら音楽を続けていた。２０１２年のカクバリズム10周年の大阪公演では、彼が物販で自分が育てた野菜を売っていたのを覚えている。

BIOMANの取材を終えたわれわれは、そのまま神戸・塩屋の旧グッゲンハイム邸で行われることになっていた片想いのワンマン・ライヴへと向かった。「踊る理由」で一躍脚光を浴びつつあった片想いは、結成10年を目前にしてファースト・アルバム『片想インダハウス』をこの年、カクバリズムからリリースしていた。

神戸の中心部からすこし離れた塩屋という街に建つ古い洋館、旧グッゲンハイム邸は、このころローカルかつインディペンデントなカルチャーに根ざした特異なライヴスペースとして定着していた。引き継ぎ手のいなかったこの洋館を再生させた管理人の森本アリさんは、自らも三田村管打団？というブラスバンドを率い、いまも自由な発想で場所を活用している。うわさには聞いていたこの館にぼくが足を踏み入れたのは、このときが初めてだった。


『GHOST WORLD』に掲載されていたインタビューとシンクロしたかのように、ぼくがブログでやっていたロング・インタビューも数が増えてきていた。トムが亡くなって以来、毎日の日記のようなスタイルでの更新はやめていて、このころは仕事の報告や告知が主になりつつあり、メインの読み物はロング・インタビューになっていた。

たとえば2013年に掲載したインタビューは以下の通り。
・森は生きている「森の話 mori no hanashi」
・yojik と wanda「yojik と wanda の閉じない世界」
・失敗しない生き方「シティ・ポップの壊し方」
・伴瀬朝彦「伴瀬おんがくし」
・厚海義朗「厚海義朗、GUIRO、cero、ソロ」

時代の流れは速く、森は生きているや失敗しない生き方といったさらにあたらしい世代のバンドがこの年、話題になっていた。「最近、日本語のバンド名が多い」という、よくわからないトレンドとも受け取られていた気がする。ある意味それは、SNSを媒介とした話題の拡散（バズり）がようやく一般的にも定着した時代とのシンクロだったともいえる気がした。

「ちょっと目にした」「ちょっと気になる」程度の拡散が、以前よりもうすこし社会的な力を持ちはじめた時代だった。いま思えばまだこのころのリツイートは、ずいぶんのんきで平和なものだったよね。不本意な炎上を招く「そんなつもりじゃなかったのに」時代が到来するのはもうすこし先のこと。

この年の〈インディーファンクラブ〉で、ceroはあたらしい編成を試みた。正確にはｃｅｒｏ＋あだち麗三郎クワルテットという名目で、リズム・セクションをクワルテットのメンバーだった光永渉、厚海義朗が担当し、ｃｅｒｏの曲を演奏したのだった。髙城くんやキーボードの荒内佑くんが抱いていたアフリカや現代ジャズ、ブラック・ミュージックから知ったリズム面への興味は、自然とｃｅｒｏのリズム隊の強化を課題として意識させていた。この共演は、いわば実演を兼ねたオーディションだったのかも。

8月30日、渋谷クアトロで行われたEGO-WRAPPIN'とのツーマンで、光永・厚海をリズム隊に迎えたｃｅｒｏの新編成が正式にスタートし、新曲「Yellow Magus」が初めて演奏された。この曲をやるにはこの編成が必要だったと確信させる鮮烈な構成だった。

おなじころ、ひさしぶりに「本を出しませんか」という誘いが来た。かつて『小野瀬雅生のギタリスト大喰らい』を担当してくれた編集者の稲葉くんから持ちかけられた話だった。

「音楽漫画を題材に、なにか1冊できないかという相談です」という。

彼から見せられたのはウィキペディアの「音楽漫画」という項目で、数十本の漫画が作品例として載っていた。明らかに抜け落ちている名作もいくつかあったし、もっと紹介数を増やした総合ガイド本にしたほうがいいんじゃないかと考えた。また、音楽のディスクガイド本でアルバムだけでなく未発表音源やシングル盤を紹介する感覚で、単行本化された長編だけでなく、未単行本化の作品や短編も含めたいと考えた。

少年時代に読んだ江口寿史の短編『GO AHEAD!!』や佐藤宏之『気分はグルーピー』は音楽漫画の最高峰だと思っていた。鴨川つばめ『マカロニほうれん荘』やあすなひろし『青い空を、白い雲がかけてった』が教えてくれた感覚は、まさに音楽（ロック）に通じていたという実感もあった。

どこまで完璧にやれるかわからないけど、音楽漫画の歴史と地図を広げたような本なら作りたい。きっとそれは、ぼくの自分史を重ね合わせる作業にもなるだろう。

結果的にその提案は通り、約5年ぶりにぼくの本作りがスタートした。

もうひとつ、この年のトピックといえば、ぼく以外の誰も話題にしない音楽賞といわれた「CDじゃないジャーナル大賞」をスタートさせたこと。第一回の大賞はこの年の12月に発売された雑誌『CDジャーナル』で発表した。

『CDジャーナル』の連載として12年10月にスタートした連載「CDじゃないジャーナル」。その名の通り、CDではないメディア（レコード、カセット、配信など）で作品をリリースするアーティストに直接その意図や音楽メディアへの思いを語ってもらうインタビュー記事だ。第0回が7インチ・シングルを連続でリリースしたヴァン・ダイク・パークス。第一回が自主制作でカセットをリリースしたAlfred Beach Sandal。

すでにレコード人気の復活は一般的なトピックにもなりつつあった時代だが、ぼくは「レコードだけが最高!」という気分にもあんまりなれなかった。知り合いのアーティストには配信でも魅力的なリリースをしている人たちがいっぱいいたし、アナログならなんでも許されるとも思えない。どんなリリースにもそれぞれの理由や思いはあるはずだし、もっとフラットにいろんなリリースがとりあげられるべきというのがぼくの正直な気持ちだった。

音楽雑誌やウェブメディアの取材はどうしても新作アルバム・リリース時に限られる部分があり、魅力的なリリースであっても「CDじゃないから」「アルバムじゃなくてシングルだから」という理由で取材記事になりにくい。だったら、それを逆手にとってなにかやってみようというのがいちばんの理由だった。

ちょうど雑誌本体で長年続いてきた「CDジャーナル大賞」も廃止されたタイミングだったし、楯も調べてみたら、わりと手軽に用意できることがわかった。楯を贈呈することにした理由は、レコード大賞みたいでおめでたいのと、自分で選んだ大賞には自分で責任を持ちたかったから。発注してる会社の人は「変わった忘年会の景品かな?」と毎年思ってたかもしれないけど。

第一回の記念すべき受賞者は、以下の通り。

・ランタンパレード「甲州街道はもう夏なのさ」(アナログ7インチ・シングル)

・じゅんじゅん「せしぼんＥＰ」（エアメール＋配信ＥＰ）
・嫁入りランド＋PROPOSE「しあわせになろうよ」（イベント限定配信シングル）
２０１３年の１曲は、どうせならこの大賞のなかから選びたい。

なので、ぼくの考える21世紀最良のシンガー・ソングライターのひとり、ランタンパレードの「甲州街道はもう夏なのさ」にする。

平成26（2014）年　ルミさん

cero「Orphans」

「SAKEROCKのベスト盤を出します」と角張くんから聞いたのは、2013年の終わりだったと思う。ベスト＋レア曲の2枚組を予定していて、初回限定版には全MVを収めたDVDもつくという。

ベスト盤が出るということに対しては、いろんな思いがあった。3人＋サポートという編成で1年間を過ごした2012年を経て、源くんが病気で倒れた2013年以降、SAKEROCKの活動は必然的に休止していた。

そのタイミングでの振り返りとなるベスト盤。この先の活動がどういうかたちになるにせよ、ここで一度「SAKEROCKの定義」があっていいようにも感じた。ほとんど世に出回っていない最初期ヴァージョンの「慰安旅行」も収録されるというし、この「慰安旅行」からはじまる旅こそが、SAKEROCKの本当の歴史になる。

発売にあたって、ブックレットに掲載される年表を担当してほしいという依頼をもらった。『songs of instrumental』がリリースされた時のタワーレコード特典で、ぼくは彼らの年表（２００６年までの）を一度作っている。そのとき出したアイデアは、黒板に書かれた「あたりさわりのない年表」に、メンバーが落書きみたいなノリで上書きをしてゆくというもの。彼らもデザイン担当の大原くんも乗り気で楽しんでやってくれた楽しい仕事だった。

今回は、そのときにあった笑いの要素は抑えて、ヒストリーとしてちゃんと書き残してほしいと言われていた。笑わせるな、という意味ではなく、そこにきっと彼らの覚悟があった。とてもやる気の出る仕事だったけど、いざ取り掛かると思ったより時間がかかった。思い出すことがあまりにも多かったから。

大原くんから06年の年表データをもらい、ふたりで感慨深いメールのやりとりをした。ベスト盤『SAKEROCKの季節』のジャケを飾った5人（野村卓史も含む）の顔ハメボードは、大原くん渾身の作だった。

ベスト盤発売に際してメンバー取材などはいっさい行われなかった。ライナーノーツとして源くんの文章「SAKEROCKという季節」がブックレットに掲載されていて、そこに当時の彼のいつわりのない思いが書かれている。初めて源くんと会ってからちょうど12年目で、彼が『ＹＵＴＡ』を手にお店を訪ねてきたのも、こんな季節だった。季節は過ぎるが、まためぐる。

発売からほどなく、去年から延期になっていた源くんの日本武道館公演が行われた。6

月に出したシングル「Crazy Crazy／桜の森」に合わせて『ミュージック・マガジン』では特集が組まれ、ぼくがインタビューを担当した。

２０１４年には「旅のしおり」も作った。

２月１日から２日にかけて、静岡県伊東の名ホテル「ハトヤ」にて宿泊型ライヴ・イベント〈ライヴ・イン・ハトヤ　２０１４〉が開催されることになっていた。その参加者に事前送付されるのが「旅のしおり」だった。

この〈ライヴ・イン・ハトヤ　２０１４〉を実行したのはビデオくん、やけのはら、タッツたちのチーム。発案から実現に至るまでは、さらにいろんな人たちが協力したし、「大人の修学旅行」もこの規模まで来ると痛快だった。

「しおり」には静岡の名所案内を載せたり、70年代に赤塚不二夫と全日本満足問題研究会が発表した謎のアルバム『ライヴ・イン・ハトヤ』についても触れるなど、妙なこだわりがおもしろさにちゃんとつながっていたと思う。BIOMANに描いてもらった表紙イラストの鳩の見事さと、出演者の似顔絵のひどさも絶妙にイベントの空気を伝えていた。このしおりはいまもお気に入りの仕事のひとつ。

BIOMANは、この年の４月にはＲｏｊｉでマンスリー・トークイベント〈笑ってバイとも〉をはじめた。

スチャダラパーのBoseと嫁入りランドの対談をブッキングした第一回から大盛況で、その後も彼らしいユニークな視点と現場感覚を提示するイベントが毎月続いた。ぼくはイベントの録音係として参加し、シティ・ポップやエキゾチカ音楽を語る回ではトークにも参加した。

2013年からずっと作業を進めていた音楽漫画の本は『音楽マンガガイドブック』というシンプルなタイトルで春に発売された。ぼくがもともと提案していた『音楽マンガを聴き尽くせ』はサブタイトルになった。

表紙イラストは師岡とおるさん、全体のデザインは大原大次郎くん。表紙は『クリムゾン・キングの宮殿』のジャケットを『キャンディ♡キャンディ』ふうにするというパロディで、師岡さんからあがってきたイラストを見て、そのすごさに脱帽した。

発売記念のトークイベントは新宿のブックユニオンで、久保ミツロウさんと澤部渡くんを招いて開催した。当時、久保さんは『モテキ！』で人気漫画家になっていたうえに、ラジオ・パーソナリティとしても能町みね子さんとの『オールナイトニッポン』でブレイクし、さらにはフジテレビの深夜番組『久保みねヒャダ　こじらせナイト』もはじまっていた。多忙な久保さんに出演してもらえたのは、『CDジャーナル』の2014年1月号のカーネーション30周年特集で、久保さんと大橋裕之くんによるカーネーション大ファンの漫画家対談をぼくが担当したというツテがあったからだった。

『音楽マンガガイドブック』では長短あわせて約360本の漫画を紹介したけど、漏らしてしまった作品も少なくなかった。いつか、あと100ページくらい増やして増補改訂版を作りたい。


4月、塩屋の旧グッゲンハイム邸でMC.sirafu主催のライヴ・イベント〈in da house〉が二日間にわたって行われた。

いまでもあれは、2010年代のベスト・イベントのひとつだったと確信している。

二日目の最後、MOODMANのDJで、Gofishのテライショウタさんが酔いつぶれるほどふらふらになりながらそれでも踊りまくっていた光景は、いまも目に焼き付いている。

5月、ヨ・ラ・テンゴが来日し、ひさしぶりにアイラ・カプランのインタビューをすることになった。

ぼくのしたある質問に対して、アイラはこんなことを答えた。

「『必要』って言葉がぼくは好きじゃない。しなくちゃいけないからやってるんじゃなくて、やりたいからぼくらは音楽をやってるんだ」

その言葉を、いまもぼくは肝に銘じてる。「しなくちゃいけない」って思うようになったら、やばいぞと。

このときのヨ・ラ・テンゴの来日公演では、恵比寿のリキッドルームでのアンコールに坂本慎太郎が飛び入りした。ゆらゆら帝国解散以来、いっさいライヴ活動をしてこなかった坂本さんがひさしぶりに観客の目の前でギターを弾いたのがこの夜だった。

ばたばたとあわただしく過ぎていた2014年だったが、気がかりなこともあった。

Rojiのルミさんが病気で倒れたと聞いたのだ。本当なら塩屋での〈in da house〉にも遊びに来るはずだったのに、急遽キャンセルに。ぼくらには詳細は知らされていなかったけど、軽くはない病状だという予感はあった。

ぼくがRojiに足を運ぶようになったきっかけは、角張くんに「髙城くんがお母さんとやってる店」だと聞いたことだったが、その後も通っていたのはルミさんの人柄やするどいセンス、関西弁が醸し出すムードとかが気持ちを解きほぐしてくれたという部分もすごく大きい。闘病がはじまってからも何度かRojiでお見かけしたのだが、そのうちなかなか会えなくなっていった。

吉祥寺のバウスシアターが閉館することになり、ファイナルの1ヶ月間、連日行われていたライヴ・イベントの一環で、cero＋VIDEOTAPEMUSICによる実験的なジョイント・ライヴが行われることになった。それが6月4日で、ぼくがルミさんと会った最後の日になった。

10月にはRojiの開店8周年を祝うパーティーが行われ、ライヴやDJでにぎわった。高城くんはソロでAhh! Folly Jetの「ハッピーバースデー」やピチカート・ファイヴの「日曜日の印象」をカヴァーして歌っていた。なんとなく、この日のライヴはルミさんに捧げられてるんじゃないかと思えて、変に気分が高ぶってしまった。

酔った勢いもあって、Rojiの階段でルミさんにDMをした。「Rojiは満員でみんな楽しそうです」。ルミさんからは「これからもRojiをよろしくお願いします」という内容の返事が来た。

そのやりとりが、ぼくがルミさんと交わした最後の「会話」になった。

12月のある日、てんやで天丼を食べていたら、高城くんからスマホにメールが届いた。ルミさんが亡くなったことが、そこに簡潔に書かれていた。

亡くなったのは二日ほど前で、家族の心の整理がついてから友人知人に報告したのだと思う。天丼は半分以上残っていたけどこれ以上食べるとえづきそうなので、会計を済ませて近くの公園でぼーっとした。そのうちハッと正気に戻り、高城くんに返信をした。どんな内容だったのか覚えてない。自分の年齢であれば、もっとちゃんとお悔やみを言うべきだったと思うけど、とてもそんなふうに気持ちをとりつくろうことはできなかった。

六本木のEXシアターで、ceroのワンマン・ライヴ〈Wayang Paradise〉が2デイズで行われたのは、ルミさんが亡くなってから2週間もしないうちだった。ちょうどニュー・シングルとして発売されたばかりだった「Orphans」が演奏されたとき、姉弟みたいに仲がよかったルミさんと髙城くんのことをどうしたって想像してしまった。最後の打ち上げの晩、光永くんが号泣していたのを思い出す。

この年末、〈ライヴ・イン・ハトヤ 2014〉を成功させたタッツから、「今度はハワイアンズ（旧・常磐ハワイアンセンター）でイベントやりたいんですけど、またしおりをお願いします」という相談も受けていた。

そのしおりも当然引き受けた。ある人のミックスCDをつけたらどうかという話になった。それはちょっとした茶目っ気から生まれたアイデアだったけど、「楽しむことをやめたらあかんよ」とルミさんに後押しされているような気持ちもしていた。

平成27（2015）年　いい解散

GUIRO「ABBAU」

SAKEROCKがニュー・アルバムをレコーディングしていると角張くんに聞いたのは、2015年に入って、どれくらいしてからだったろう？

〈ライヴ・イン・ハワイアンズ　2015〉（1月31日〜2月1日）は、もう終わってたっけ？

レコード初心者向けの本で、ぼくがアドバイザーとしてかかわっていた本『はじめてのレコード』（新入学に合わせた時期に発売と決まっていた）はもう校了してたっけ？

5月に出るceroのニュー・アルバムのタイトルが『Obscure Ride』になるとすでに聞いてたっけ？

2015年のはじまりは、またしてもいろんなことが重なっていて記憶がはっきりしない。角張くんと交わしたその会話も、時間や場所はよく思い出せない。だけど、話した内容はいまでも思い出せる。

2012年の編成だった3人＋サポートでレコーディングしているのかと聞くと、角張くんの答えは意外なものだった。

「5人です。ベースは馨くんです。（野村）卓史くんも入ります」

辞めたふたりが復帰する。そして、その5人でやっているということはオリジナルのSAKEROCKだ。『ホニャララ』のときはあくまで4人のSAKEROCKに野村くんが曲によってゲスト参加というかたち。いま録っている作品は、最初から5人であることを前提としているという。

つまり、ぼくが知り合う直前まであった最初のSAKEROCKの姿ともいえた。原点回帰か、さもなくば……。

「その5人であえて作ってるってことはさ」

そう口に出したぼくに向かって、角張くんはこう答えた。

「そういうことっすね」

いま思い出しても、このやりとりってお互いに答えを言ってない。だけど、角張くんが言いたかったことはわかった。「6月2日に両国国技館でライヴをやります」とも教えてくれた。それも、どういうライヴかはお互いに言わなかった。

2月28日、SAKEROCKのラスト・アルバム『SAYONARA』のリリースと、6月2日の東京・両国国技館でのラスト・ライヴ〈LAST LIVE “ARIGATO!”〉の開催が同時に発表された。

『SAYONARA』の1曲目は、ベスト盤『SAKEROCKの季節』にも9人編成での新曲として収録されていた「Emerald Music」。『SAYONARA』のヴァージョンは、それを5人でもう一度録り直したものだった。鳴りだした瞬間からもういきなりまぎれもない彼らの音がして、胸がいっぱいになってしまった。

解散に向けて『TV Bros.』で特集が組まれ、そのなかでぼくも一文書かせてもらった。無職だったころライター募集に応募してあっさり門前払いをくらった、あの『TV Bros.』にだよ。

SAKEROCKの記事ですごくお世話になった『Quick Japan』でもなにかやりたいと思ったけど、結局、『CDジャーナル』で特集を組み、当時『Quick Japan』編集長としてお世話になった森山裕之さんにぼくと対談をしてもらった。

ヴィジュアル・イメージとしてなにか特別なものが欲しくて、『ホニャララ』のブックレットで漫画を描き下ろしていた小田扉さんに一枚絵の扉イラストをお願いした。5人のSAKEROCKを描いたそのイラストは、小田さんと編集部のご厚意でツイッター上にデータとして貼られ、ファンとも共有できるようになった（いまもネット上にあるので、「小田扉　SAKEROCK」で検索どうぞ）。

当日、国技館の中央を円形のステージとして使ったライヴの模様は生中継もされたし、のちにＤＶＤとしても発売された。ぼくと奥さんに割り当てられたブロックは1階の奥で、スカート澤部くんたちと一緒だった。あの日は、SAKEROCKとカクバリズムにかかわりのあるほとんどすべての人があの場に呼ばれていたと思う。長くレーベルをやってきた角張くんだけど、所属バンドの「解散」を体験するのは初めてだった。

解散ライヴとしては、国技館は完璧なセットリストだったと思う。ヒストリーの大通りにも小さな路地にも目を配り、あとにも先にもこの日限りしか演奏されないラスト・アルバムの曲もきちんと供養して。

だけど、こちとらそもそも解散してほしくないし、あまりにも完璧に締めくくられたんじゃこっちの感性がやり場に困るんだよ。

そう思っていたら、「Emerald Music」でしくじりがあったので、アンコールでもう一度やるという。さびしいムードに包まれそうだった館内の空気がユーモアで不意にほころんだ場面を見て、ああやっぱりSAKEROCKだなと思った。

この日の打ち上げは夜を徹し、錦糸町駅近くの中華料理屋で明け方を迎えた。誰が切り出したのか、こうすればもっとおもしろく演奏できるんじゃないかとか、もう解散したバンドなのに、来週もライヴがあるような話がはじまったのには笑った（泣いた）。ハマケンはほとんど寝てたけど、それもまた彼ららしい景色に思えた。

願わくば、この明け方の時間がずっと続けばいいのに。

彼らを愛したファンにしてみれば「解散は解散。いいもわるいもあるかい！　さびしいわい！」っていうのが偽りのない本音だと思うけど、「いい解散」というかたちがこの世にあるのなら、あの時間がまさにそれを体現してたと思う。

6月初めにSAKEROCKが解散し、6月後半には、ぼくは熊本にいた。

ceroのサード・アルバム『Obscure Ride』ツアーの九州編で、ぼくの地元である熊本を皮切りにした日程が組まれていた。かつてSAKEROCKでもそうしたように、今回も帰省がてらの遠征を計画したのだった。運よくメンバー車に空きが1席あるということで、移動のメドもついたし、日程的にも熊本から岡山までうまく帯同できそう。

「一緒にいて、なにか記事を書くんですか？」と誰かに聞かれたけど、そのつもりはなかった。いまのceroを見ておきたいというシンプルな気持ちだったし、初代ドラマーの柳智之くんがぼくの取材に答えて言った「いまのceroはいましか見れない」という言葉にインスパイアされた行動でもあった。

2010年に初めてceroを見たときの、やりたいことに技術がまだまだ追いついていない演奏を思い出せば、いまの編成でのライヴには隔世の感があった。タイトな日程でツアーをすることで生まれるバンド感の強さや演奏の変化もきっとある。とにかく好きなバンドのいまを見ておかないと後悔する気がして、物好きな同行者として旅の後半に乗り込むことを決めたのだった。もしかしたらそれは、1994年にジョナサン・リッチマンのツアーを東京から福岡まで追いかけたことが、いつの間にかぼくの行動パターンの伝統として染み付いてしまっていたせいかもしれないけど。

ツアー・ファイナルのZEPP TOKYO公演と旅のドキュメンタリーを収めたDVD『Obscures』のライナーノーツ「母なる夜」にも書いたけど、このツアーのライヴ以外でのハイライトに、光永くんの実家のある長崎市で、オフの日の夜にみんなで行った稲佐山展望台でのシーンがあった。

霧と雲で煙っていた展望台からの眺めが、ある瞬間から急にすっと晴れていった。子どもみたいにはしゃぐ彼らが母なる夜に見守られているみたいに。その夜の空は、14年の暮れに亡くなったルミさんのまなざしのようにも思えた。

そういえば、この年のRojiの開店記念日のパーティーでは、ルミさんへの想いを集めた追悼文集を作って販売した。編集にかかわったのは、ルミさんの旦那さんで髙城くんの父であるトシさん、友人の編集者、間部麻里さん、そしてぼく。装画は柳くん、表紙デザインは惣田紗希さん、エディトリアルデザインは井上貴裕くんにお願いし、みなルミさんに強い思いがあって、こころよく引き受けてくれた。

学生時代の友人からＲｏｊｉ開店以前の知人（ぼくの大学の先輩でもあったスポーツライターの生島淳さんもそのひとりだった）、Ｒｏｊｉの開店当時からの常連、ｃｅｒｏのデビュー以降に知り合ったバンドマンたち、Ｒｏｊｉのスタッフ、最後にご家族。いろんな局面でルミさんと触れ合ってきた人たちの思いを集めていったら、ひとりのユニークで愛すべき女性のかっこいい一代記のような本になった。

タイトルは最初からこれと決めていた。『ルミさん』。みんなルミさんのことを自然とそう呼んでいたから、それ以外に考えられなかった。

２０１５年は、かつてぼくがファースト・アルバムのために文章を書いたあのバンドが活動を再開した年としても忘れられない。

そのバンドは、GUIRO。

じつは、２０１４年の暮れに一度、GUIROとは名乗らずに高倉さんがライヴをしたというウワサは聞いていた。

年が明けて２０１５年、今度は名古屋の喫茶クロカワでGUIROを名乗ってライヴをするという。さすがにそれは見逃せないと思い、新幹線に乗った。

そのときのGUIROは、カタリカタリのふたり（河合慎悟、長瀬敬）や小鳥美術館の牧野容也くん、Ettの西本さゆりさんなど所縁の深い面々が助演したアコースティックな編成だったが、ひさびさに空気中に放たれたGUIROの楽曲には言い知れない感慨を覚えた。この日、東京から駆けつけた厚海くんも「友情出演」として2曲ほどベースを弾いた。

数年ぶりにGUIROを見たという事実にすごく感極まってしまったぼくは、「この感動を誰かと話すことで減らしたくない」と思い込み、高倉さんにもロクにあいさつもしないで外に出て、そのままずんずんと歩いて用もないのにファミレスに入り、お茶をした。それがぼくに必要なクールダウンだった。

その夜、K・D・ハポンでは、ぐうぜんにもホライズン山下宅配便がライヴをしていた。MCで高倉さんも言っていたが、かつてGUIROがいったん活動を休止する最後のライヴがホライズンとの対バンだった。事実上の再始動の日にまたおなじ名古屋でホライズンがライヴしているというのだから、つくづく運命はよくできている。

年末には厚海くん、松石ゲルさんがGUIROに復帰し、再びライヴが行われることになった。会場はまたしても愛知県で、一宮市にある尾西織維協会ビルという昭和モダニズムな建物の3階にあるホール。ホールといっても、広めの教室のような感じだろうか。開演前にあたりをうろついていたら、見覚えのあるような若者が遠くから歩いてきた。

「まさか……?」

向こうからやってきたのは、ceroの橋本くんだった。彼もまた、かつてGUIROに衝撃を受けた者のひとりだった。

この日のライヴで、新曲としてはじめて演奏された「ABBAU」には、思考がひび割れるほどのショックを受けた。高倉さん、休んでいるあいだにこんなすごい曲を書いていたのか。

それとも「休んでいた」とか「音楽をやってなかった」とか、ぼくらが勝手に決めつけていたその感覚がそもそも間違いだったのかもしれない。

あの7年は「休止」じゃない。きっと、このあたらしい恵みのために設けられた長い「休符」にすぎなかったのだ。

平成28（2016）年　終わったところからはじまる
VIDEOTAPEMUSIC「August Mood」

一軒のレコード店やレコードを扱う仕事を通じて、そこにいた人の生き方や宿る思いを書いていく。そういう連載を、ものすごく長いスパンだけど続けている。はじめたのは2011年。それが再開したのが2016年。

編集者の浜田淳さんが創刊した雑誌『音盤時代』で、連載「最後のレコード屋」はスタートした。いまはもう存在していないレコード店と、そこにまつわる人たちの思いを書き留めていくというものだった。といっても、翌年に出た2号で雑誌が休刊してしまったので、書いたのはカリフォルニアのミル・ヴァレーにあったヴィレッジ・ミュージックと博多にあった山兵《やまひょう》の2回だけ。

「最後のレコード屋」というタイトルにしたのは、連載をはじめた時点では「この先、こういう商売はなくなってしまうのだろうか」と本気で不安に感じていたからでもあったし、「レコード屋」とは単なる商売の種類ではなく、映画人を「活動屋」とかつて呼んだように、昔気質の音楽人から学ぶものがあるのではないかという思いの表れでもある。

「あの連載を再開しませんか」と声をかけてくれたのは、ぼくよりひとまわり以上若い知人の編集者の河内卓くんだった。書く場所を用意するし、担当編集者としていつかは単行本にしたいし、なによりも読者としてあの続きが読みたいという、ありがたい声だった。多少の躊躇もあったのだが、彼の強い言葉にほだされ、もう一度やってみることにした。

そのときに、「いまはないレコード屋」の話を書いていくつもりだった連載開始当初の姿勢を、すこしだけ修正することにした。いまもその店があったってかまわない。ネットの発達や人々のマインドの移り変わりによって、古くから続く店や老いたレコード・ディーラーたちは時代遅れの存在になりつつある。だからこそ彼らが生きているうちにその魂のありかに触れておきたい。そう考えたら、どうしても話を聞いてみたい人がひとり思い浮かんだ。

ロサンゼルス周辺のレコードショーで知り合った白髪の老レコード・ディーラー、マイクさん。日本から移民し、アメリカで知り合った両親のもとで第二次大戦直後に生まれた日系二世。日本語もしゃべれないし、日本に行ったこともない。だけど、ぼくにはとても親切にしてくれる人だった。

彼が見てきた景色には、アメリカで日系人が生きてきた歴史も、いまから50年近く前にロック世代の若者たちがはじめたレコード・ショー文化や、ＬＡ界隈で盛衰を繰り返してきたアナログ・レコードの歴史も含まれていた。

再開1回目となる第3回の取材を、この年の春に行った。

その取材を終えて帰国してほどなくした4月。実家のある熊本県が大きな地震に見舞われた。

震度6強。穏やかな数字じゃない。

おどろいてすぐに実家に電話した。ちょうど弟の奥さんが第二子出産の準備で長男を連れて実家に滞在していたので、それも心配だったが、電話の向こうは想像したより明るい声で、めちゃめちゃ揺れたけど人も家も大丈夫とのこと。実家のある八代市は震源よりわりと南に位置していることもあって、実害は大きなものではなかった。

しかし、その数日後、酔っぱらって帰る途中にラーメンを食べていたら、テレビのテロップに「熊本県で大きな地震」と流れた。今度は震度7の揺れだった。

さすがにこの追撃には実家の連中もこたえたようで、この夜からしばらく外に停めた車のなかで寝泊まりするようになったそうだ。頑固者の父だけは「ぜったいに家のなかで寝る」と言い張って聞かなかったという。呆れながら笑ったが、本当に無事でよかった。

そして、この地震がきっかけで、「最後のレコード屋」で次に話を聞きたい人を思いついた。それは、ぼくが少年時代を過ごした熊本からはじまる話でもあった。

6月、VIDEOTAPEMUSICの配信シングル「Sultry Night Slow」リリース・ツアーが行われ、6月25日の渋谷WWW公演では、転換DJをぼくが務めることになった。ビデオくんの音楽には、SAKEROCKの表現の根幹にもあった「生活のなかのエキゾ」という感覚を受け継ぎつつも、さらにそれを盛り場や街の文化やダンス・カルチャーともオーバーラップさせる魅力があった。そもそもVHSのテープから音だけでなく映像もサンプリングして他人の記憶を自分の表現と重ね合わせてゆく手法は、20世紀と21世紀をつなぐ画期的な発明でもある。

夏の終わりの9月3日、ビデオくんが熱海の商店街にあるカフェでライヴ・イベントをやることになった。

じつは前にも一度、ビデオくんと一緒に熱海に来たことがある。VIDEOTAPEMUSICと京都のシンガー・ソングライター・デュオ、Hi, how are you?が2014年にリリースしたスプリット・シングル「熱海に行くつもりじゃなかった」の発売記念インタビューが目的だった。

さらにさかのぼると、1989年の春にも、弟と一緒に熱海に1泊したことがあった。弟が大学に受かったお祝いに、余っていた青春18きっぷを使って予定も立てずにふたりで熱海の駅に降り立った。泊まったのは安いビジネスホテルで、商店街で射的したり、熱海秘宝館に行ったり。夏の終わった熱海のカフェで、VIDEOTAPEMUSICのライヴを見ながら、ぼくの個人的な熱海体験がモーフィングされていくのを感じた。真美鳥というバンドの「骸骨の花嫁」という曲のカヴァーで、ビデオくんは花火が打ち上がる映像を映し出した。ドン、ドンとうつろにこだまする映像のなかの花火を見ながら、ぼくは弟に「いま熱海だよ」とメールしていた。

ちょうどそのころ、ｃｅｒｏがサポート・メンバーを変えるという話を聞いた。２０１３年の「Yellow Magus」以来続いた編成での演奏は10月27日に出演する京都ボロフェスタが最後で、あだち麗三郎とMC.sirafuはバンドを退く。急遽、京都に行く予定を立てて新幹線に飛び乗った。

７人時代のｃｅｒｏは何度見たか数えきれない。九州で同行した去年のツアーも記憶に強く残っている。それに、ぼくは柳くんが在籍した最後のライヴも２０１１年に目撃していた。だから、この編成での最後のｃｅｒｏも見ないわけにはいかなかった。

ＫＢＳホールで演奏されたこの夜の「Narcolepsy Driver」で、後半のブレイク後にMC.sirafuが鳴らしたスティールパンの響きには、言葉にならない感情が加わっていたような気がした。その残響を反芻《はんすう》しながら、再び帰りの新幹線に飛び乗った。その夜は、東高円寺のGRASSROOTSで友人のMINODAくん、Sports-koideくんがやっているイベント〈ＭＳＪ〉でＤＪすることになっていたから（しかも、日付を越えるとぼくの誕生日でもあった）。

それから1週間もしない11月3日、今度は仙台にいた。

古川麦、小田朋美、角銅真実を加えた8人編成によるあたらしいｃｅｒｏのツアー〈Modern Steps Tour〉がはじまるからだ。

この日のライヴで初めて聴いた新曲「魚の骨　鳥の羽根」には震えた。「Yellow Magus」がそうだったように、ｃｅｒｏのメンバー・チェンジにはいつもそれが必要だったと理解させるあたらしいチャレンジがあった。わずか1週間で更新されたｃｅｒｏの姿には驚愕しかなかったたし、新サポートが加わってもなお打ち上げではたわいもない話で盛り上がる姿の変わらなさも、別の意味で頼もしいものだった。

ツアー二日目の盛岡。この日、深夜に盛岡市内のライヴスペースでHei Tanakaがライヴをやっていると知った。２０１２年に３人でスタートしたHei Tanakaは、この時期6人編成になっていた。この年の1月にはＷＷＷでグッドラックヘイワを対バンに迎えて、新編成でのファースト・ライヴ〈列島は世界の雛形〉を行ったばかりだった。

謦くんの頭の中をそのまま音楽として表現することに挑戦したようなサウンドは、ｃｅｒｏとは違った表現ながら、こちらもやはり驚愕すべきものだった。サックスを３人揃えたアンサンブルは超絶ブラス・ロックというべきか、アウトサイダー・ファンクというべきか。それでも最終的にポップに感じてしまうのは馨くんの資質でもあるだろうし、彼が選んだメンバーの人柄のせいでもあった。

新編成のｃｅｒｏもHei Tanakaも、技術だけでメンバーを選ぶのなら、ぼくはそんなに惹かれなかったかもしれない。その人たちだからこそ作り出せる音楽があるし、人を信頼できればどんなに表現が変わってもおそれるものなんてなにもない。盛岡の夜に見たｃｅｒｏとHei Tanakaは、ぼくにそのことをいっそう強く実感させた。

この東北ツアー前後の時期だったと思う。11月に出るスカートのニューシングル「静かな夜がいい」のオフィシャル・インタビューをカクバリズムの事務所で収録した帰り道だった。渋谷駅に向かって歩いていたら、見慣れない番号から着信と留守電があった。再生してみたら、面識のないビクターのディレクターさんからだった。

「小泉今日子さんのお仕事を松永さんにお願いしたい件がありお電話さしあげました」

一瞬、頭のなかに大きな「?」が灯って、足が止まった。

間違いではないかと思い、もう一度再生する。ちゃんと「小泉今日子さん」と言ってるし、「松永さんにお願いしたい」とも言っている。

小泉さんには一度だけ取材したことがあった。ぼくがパンフ制作でかかわっていた毎年5月の忌野清志郎トリビュート・コンサート。その２０１４年のパンフで一度、取材をしていた。

ドラマ撮影の合間の取材で、短い時間だったけど、頭の回転の速さと気取りのない態度がとても印象に残った。でも、それも2年半くらい前の話だもの。

とはいえ、まるで関係がなかったわけじゃない。ぼくがこの年の秋から構成とインタビュアー役としてかかわっていたフジテレビオンデマンドの配信ライヴ番組『ＰＡＲＫ』で、小泉さんは番組のアイコン的な立場としてオープニング映像に出演してくれていた。でも、それにしたってその番組への小泉さんの起用はぼくとは関係ない経緯で決まった話だった。


なんの話だろうかと訝《いぶか》しがりつつも電話を返した。

電話の主はディレクターの木谷徹さんで、ハキハキとした口調で要件を話してくれた。

「じつは来年の春に小泉さんのデビュー35周年を記念するＣＤボックスが出るんですが、そのブックレットの件で」

ただし、その場では詳細は教えてくれず、打ち合わせを近々にしましょうということで、電話は終わった。結局、ぼくが指名された理由はわからないし、そもそも仕事の内容もよくわからない。なんとなく「記念インタビュー」の聞き手みたいなことかなと想像して、ひとまずはその日を待った。

翌週、ビクターに出向くと、制作関係者がテーブルに勢揃いしていた。

その場で初めてシングルベスト盤『コイズミクロニクル』のボックスに収蔵される楽曲解説本『コイズミシングル』の執筆を担当してほしいという依頼だったと知った。ブックレットの編集は伊藤総研さんで、ぼくはライティング担当という位置付け。本の内容はいわゆる楽曲解説というよりも、歴代のディレクターや作詞家作曲家に話を聞いて群像劇的に構成するものにしたらどうかという案が出ていた。

木谷さんもこの案には大乗り気だった。小泉さんは当初自分が取材に答えることには乗り気でなかったそうだが、「作詞家、小泉今日子」としてなら答えてくれるのではないかという。

そんなわけで翌年の春まで続く一大プロジェクトがスタートした。リアルタイムで「まっ赤な女の子」を聴いていた中学生だったぼくからするとまさに青天の霹靂。だけど、この抜擢はまだ解《げ》せない。

あるとき、思い切って、なぜぼくに指名が来たのかを木谷さんに聞いてみた。

「誰が適任なのか、小泉さんも交えて打ち合わせをしていたんですよ。そしたら、小泉さんが奥から1冊の本を持ってきて、『この人がいいと思う』って言ったんです」

それは、ぼくがかつて清志郎のパンフで取材したときに自己紹介も兼ねて持っていった『20世紀グレーテスト・ヒッツ』だった。その時点では小泉さん以外の誰ひとりぼくのことも、その本のことも知らなかったそうだ。

でも、ぼくが同席した打ち合わせの時点では、みんなが1冊ずつあの本を手にしていた。とっくに絶版だったはずだから古本で買ったのだろう。そう思うと恐縮して頭が下がった。そして、小泉さんがそんなふうにぼくを推薦してくれたという事実が飲み込めず、帰りのエレベーターで何度も頬をつねった。

本当に頬をつねることって、あるものなんだな。

12月に入って『コイズミシングル』の取材はスタートし、年末の日々はあわただしく暮れていった。

大晦日には源くんが『紅白歌合戦』に二度目の出場を果たし、「恋」を歌った。堂々としたものだった。

この年の1曲は、なんにしよう。

熱海の夜、ビデオくんの曲「August Mood」に、おなじイベントに出演した見汐麻衣さんが歌詞をつけて歌っていた。

VIDEOTAPEMUSICの人気曲「Speak Low」では、冒頭に「夏ももう終わり」という印象的なナレーションがサンプリングされている。終わったところからはじまるロマンというのが、あの曲の胸を熱くさせるポイントでもあった。まさにあの夜も8月が終わったばかりで、終わったところからはじまるようなムードが見汐さんの歌声から伝わってきた。

終わったところからはじまる。ここから生まれるロマンはしぶとい。

8人になったceroのライヴにも、そんなような感慨があった。

6人になったHei Tanakaの活動再開もそういう感じだったかもしれない。

活動を本格的に再開したGUIROが東京でひさしぶりにやった新代田FEVERでのライヴ（対バンはザ・なつやすみバンド）にも、そんな空気があった。

もしかしたら、ぼくの人生にもそんなようなところがあるかもしれない。

平成29（２０１７）年　もう一度SAKEROCKのことを

PACIFIC 231「SORA NO KOTOZUTE」

２０１７年最初の取材は、大友良英さんとSachiko Mさんだった。

小泉今日子デビュー35周年を飾るベスト盤『コイズミクロニクル』の初回限定版に付属する読本『コイズミシングル』。彼女がリリースした全シングル曲について、関係者の証言を集めていくというインタビューは年が明けても続き、この取材もその一環だった。

この両名といえば、当然『あまちゃん』から生まれたヒット曲「潮騒のメモリー」（天野春子名義）のこと。ふたりの熱意はすごく、リライトに次ぐリライトを重ね、最終的に本のなかでも最大のページ数に達した。

取材のなかではASA-CHANGも印象深い。シングル「丘を越えて」は東京スカパラダイスオーケストラとの共演曲だったが、当時のリーダーだったASA-CHANGに取材すべきか、現在のスカパラに話を聞くべきか、ディレクターの木谷さんも落としどころに迷っていた。

ところが、ぼくが帰省していた熊本でぐうぜんに「ASA-CHANGのタブラボンゴ教室開催」と書いたフライヤーを発見したのだ。しかも日付は今日で、このビルの上で数10分後にはじまるという。ならばとASA-CHANGに直談判した（サケロックオールスターズやASA-CHANG＆ブルーハッツの取材で面識はあった）。ASA-CHANGはその話が来たことより、なぜぼくがここにいるのかにびっくりしていたけど。

ASA-CHANGはスカパラ結成以前に小泉さんのヘアメイクを担当していた時期もあり、おかげで内容の濃い話を聞き出すことができた。

取材をすすめるうちに、1月末を迎えた。ちょうど川勝正幸さんの命日だったその日、ぼくはクレイジーケンバンドの横山剣さんに取材していた。小泉さんと中井貴一さんがテレビドラマ『続・最後から二番目の恋』の劇中歌としてデュエットする曲「T字路」の作者が剣さんだった。

生前の川勝さんとは何度かおなじライヴやイベントなどでご一緒したくらいだったし、ぼくからしたら大先輩以上の存在。この仕事で取材をしていくうちにも、何度「あー、これは川勝さんがやられていたはずのお仕事ですね」と言われたかわからない。

まあ。そりゃそうだよね、当時を知る方々からしたら、ぼくなんて突然現れた馬の骨ですもの。でも、指名されたのは自分だし、仕事をするのも自分。結果としてよいものを残すことでしか取材を受けてくださったみなさんにも自分にも応えられないと感じていた。

それに、川勝さんと小泉さんが時代を並走していた時期のシングルにまつわるエピソードのおもしろさにはいちいち舌を巻いていた。正直言って嫉妬もしたけど、最終的にこの仕事を通じて川勝さんに感じた気持ちはやっぱり感謝しかない。

『コイズミシングル』で原稿を書くにあたって、個人的に決めていたことがある。関係者の証言は直接取材とアンケートの二本立てで行ったが、直接取材にあたってはぼくのスケジュールの都合がわるければ別の人をインタビュアーに立ててもよいと言われていた。だけど、それはしたくない。結局、会える人にはすべて直接お会いした。もうひとつは、故人が登場するエピソードでも「故」とか「亡くなった」をいっさい使わないこと。たぶん、おなじようなテーマの仕事が来たら、今後もこれは守るだろう。

『コイズミクロニクル』は5月に発売された。小泉さんご本人をはじめ、関係者のみなさんにも喜んでもらえたし、「CDが売れない」と言われはじめていた時代にあってオリコンのトップ10にも入るヒットを記録した。

ひとつだけ不満だったのは、レビューの対象にほとんどならなかったこと。ベスト盤ということで音楽雑誌では新譜としてはほとんど紹介してもらえず、かといって『コイズミシングル』も読み物として独立していないのでブックレビューにも上がらなかった（1本だけ取材はあった）。歴代の制作スタッフの熱意を受け止めたつもりでいたので、なおさらこの仕事が報われないことを残念に感じたのかもしれない。

この年の2月25日、去年の9月に熱海のカフェで開催されたビデオくんたちのイベントが発展して、おなじ店で再びＤＪパーティーが行われた。なんとこの日のビデオくんのライヴに飛び入りとして坂本慎太郎さんが参加。坂本慎太郎＋VIDEOTAPEMUSIC名義でエム・レコードからリリースされていた、映画『バンコクナイツ』へのオマージュ曲「夢で見た町」でのライヴ共演が実現した（坂本さんはラップスチールを弾いた）。この日はたまたま映画『バンコクナイツ』の日本公開日で、ぐうぜんも作用して粋なお祝いになったのだった。

ソロ活動開始後、ライヴを頑なに断っていた坂本さんだったが、徐々にその封印が解かれつつあるムードは感じていた。

坂本さんとは取材のたびに「ライヴはするつもりはないですか？」「そうですね」というやりとりをまるで合言葉のように繰り返していた気がする。

しかし、２０１６年に出たサード・アルバム『できれば愛を』を聴いたとき、なんとなく予感はあった。これまでのソロ2作よりはライヴで再現可能と思える曲が増えている。

２０１４年のヨ・ラ・テンゴ飛び入りから、２０１６年2月にリキッドルームで行われたクレイ・アニメとライヴの融合イベント〈チャネリング・ウィズ・ミスター・ビックフォード〉、そして今年も2回。自分の曲の演奏ではないとはいえ、坂本さんの生演奏すべてをぼくは目撃していた。２０１６年の演奏は、近年のレコーディング・メンバーであるＡＹＡ（ＯＯＩＯＯ）、菅沼雄太とのトリオ編成で、アブストラクトな雰囲気ではあったけど、ライヴで自分を表現する者としての現役感は薄まっていないと感じた。

とはいうものの、ライヴ活動再開の場所が、ドイツのケルンで開催される〈ウィークエンド・フェス〉への出演だと聞いたときはさすがに仰天した。しばらくまごついていたものの、ぼくの背中をリズム＆ペンシルの黒木と住田が押してくれ、行くことを決めた。「ケルンに行くってことは、この先ずっと見続けないといけない運命かもしれない」でもまあ、それってぼくの人生にはよくあることだった。

ちょうどケルン行きの話を決めたころ、あらたに本作りの話がスタートした。

２０１７年は、カクバリズム15周年にあたっていて、10周年よりもさらに規模を拡大し、全国をツアー的に回りながら1ヶ月半のスパンでイベントが行われることが決まっていた。10周年でもパンフを担当していたので、15周年でも当然それをやりたいと考え、角張くんとも打ち合わせをした。今回は全員アンケートはやめてスペシャル対談を何本かやろうとか、漫画は近藤聡乃さんに頼んでみようとか。

ただし、9月中旬の京都から15周年イベントははじまるので、意外と時間がない。そんなタイトなスケジュールのなか、もう1冊浮上してきたのが、2000年代に精力的に発行されていた印象が強い音楽雑誌『ロック画報』。1冊まるまるカクバリズムという号を作らないかというお誘いだった。

『ロック画報』は気になる特集のときには買っていたけど、ライターとして仕事をしたことはなかった。なのに、いきなり編集長的な立場で仕事をするのは妙な気分でもあった（後半から小田部仁くんにも編集に参加してもらったので、ぼくの肩書きは「監修」になった）。

『ロック画報』は、カクバリズムに所属する全アーティストをそれぞれ章立てとして構成することにした。角張くんのロング・インタビュー、音やデザインなどでかかわってきた人たちのインタビューも合間に挟み込んでいく。イメージを拡散するのではなく、良い意味で近視眼的にやってみたかった。そのほうが流行や戦略でなく、純粋に「音楽が好き」という気持ちが動かしてきたヒストリーを表現できると思った。

とはいえ、ぼくの仕事はいつもギリギリか、もしくは締め切りに遅れたところからはじまるようなわるいくせがある。このときも、坂本慎太郎ケルン公演に出かける前にすべてを入稿してしまう予定だったのに、結局不可能となった。

版元のPヴァインにはケルンに行くことは内緒にしていた。ケルン駅前から、さも東京のどこかの駅の近くにいるかのように見せかけて「締め切りをもうすこし延ばしたい」と電話したのは冷や汗ものだった。背後の会話がドイツ語だと悟られたらどうなることか。

結局、カクバリズム15周年のファイナルだった新木場スタジオコーストで『ロック画報』を物販するという目標は断念したが、その代わり、当日のミュージシャン全員とお客さんが歓喜する集合写真を入れ込むことができた。スケジュール的にはアウト、内容はぎりぎりセーフといったところか。

坂本慎太郎ドイツ公演、カクバリズム15周年が終わると、次の仕事がはじまった。夏の終わりにDU BOOKSの稲葉くんからもらった1本の電話で依頼されたのは、ブライアン・ウィルソンの自伝の翻訳という大役。「なぜおれに？」という戸惑いもあったけれど、考えた結果受けることにした。書籍の翻訳としては、テリー・サザーン『レッド・ダート・マリファナ』以来13年ぶりだった。

話はすこし戻る。

4月11日、名古屋のクラブクアトロで行われたツーマン・ライヴ〈cero×GUIRO〉で、ぼくはDJを担当した。このふたつのバンドを音楽でつなげるのは間違いなく大役だった。でも、たぶん、自分ならそれができるだろうというイメージもあった。

会場となる栄の名古屋クアトロに足を踏み入れるのは17年ぶり。2000年にやってきた日雇い派遣で、品川での超ハードな港湾作業に駆り出されたときに、翌日の勤務から逃げ出すべく向かったヨ・ラ・テンゴの名古屋でのライヴ。あれ以来かと思うと、妙に笑いがこみ上げてきた。

DJの音出しチェックまでちょっと時間があったので、近所のレコード店に出かけた。ミュージックファーストというお店がクアトロのすぐ近くにある。

じつはその店をひらいた店長さんは、ぼくの知人だ。90年代を過ごしたディスクファンをぼくが辞めてから入ったスタッフで、ぼくが辞めた後もしばらく働いていた奥さんを通じて知り合った。だから、バイトをリレーした後輩というのが正しいのかな。

直接一緒に働いていないにもかかわらず、彼はぼくのことを気にかけてくれていた。ぼくがハイファイ・レコード・ストアで働くようになってからも顔を出してくれたり、彼が地元の名古屋に帰って自分のお店をひらくときも案内をくれた。その店がご盛業で、より立地のいい栄に越してきたというわけだ。

彼はこの店を「ディスクファンみたいな店にしたい」と言っていた。それを聞いて、ぼくはうまく返事ができなかった。人生の一時期を投げ打つほどに働いて、結果的にクビ同然で放り出された店のことを客観視できなかったからだ。

だけど、いまではよくわかることもある。ディスクファン時代、値札に推薦コメントをぼくがちょこちょこと加えていたことがあった。やがて店長から呼び出された、やめてほしいと言われた。それはお願いというより命令だった。

「コメントが書いてあるレコードと、書いてないレコードがあったら、書いてないレコードには愛情が入ってないと思われるじゃないか」

その店長の言い分を若いぼくは当然不服に思ったけど、あらがうのも面倒で結局、コメントを書くのはやめてしまった。

でも、「お店で扱うレコードに自分の色や好きな匂いを持ち込まないほうがいい」という店長の考え方は、ある意味で正しかったといまでは思ってる。それはもっと言えば「個人的な主張のあるなしで不当に扱われるようなレコードをお店のなかに作らない」という考え方でもある。

なのでハイファイに移ってからぼくが選んだ方法は、「すべてのレコードに等しくコメントを書く」だった。

知人の店も、ぼくとは違った方法でディスクファンと向き合っているような気がした。「どんなレコードにもこの世に生まれた理由がある」という意味では一緒かも。

この日、ぼくはアポジー&ペリジーの7インチとデヴィッド・バーン&ブライアン・イーノの『ブッシュ・オブ・ゴースツ』のLPを買った。

2017年には、またひとり、たいせつな人を亡くした。長くガンの闘病を続けていた蓮実重臣さんが6月に亡くなったのだ。

蓮実さんとよく話すようになったのは2005年ごろのこと。当時、蓮実さんはハマケンと、シンセサイザーとトロンボーン&ヴォーカルのデュオ、ガイガーをやっていたし、SAKEROCKの『songs of instrumental』では「ドゥエルメ・ネグリート」で歌声も披露していて、SAKEROCKとはかなり近しい関係にいた。よくライヴを見に来てくれていたし、歯に衣を着せない率直な意見もしていた。なにより、蓮実さんには音楽で見果てぬ世界を夢見るのは自由だと鼓舞してもらった。そういう意味での影響はすごく大きかったはず。

ぼく自身もよくしてもらい、PACIFIC 231でかつてリリースしたジャパニーズ・モダン・エキゾの大傑作アルバム『MIYASHIRO』を再発するにあたって相談を受けたり、蓮実さんが担当したサントラもまめに送ってもらっていた。

闘病中、病状は一進一退だったが、病院やご自宅に何度かお見舞いにおじゃました。病床でも「いまハンガリーの音楽に興味があるんです」と蓮実さんは言っていたし、目の力は失われてなかった。ハマケンや馨くんも折をみてはお見舞いに来ていたらしい。蓮実さんは馨くんの才能を早くからとても買っていた。

蓮実さんのお別れ会は、船上パーティー形式で行われた。蓮実さんの音楽履歴をたどる展示物としてSAKEROCK関連の記事もちゃんと飾ってあったのはうれしかった。

このお別れ会で、ハマケンともひさびさに会った。このお別れ会には来られなかったけど、馨くんからも蓮実さんのユニットPACIFIC 231の名曲「SORA NO KOTOZUTE」をHei Tanakaでカヴァーしたい、というメールをもらっていた。歌詞を知りたいというので、作詞を担当した岸野雄一さんに連絡したらいいよとアドバイスした。

解散から2年が経っていたけど、この年、ぼくにはもう一度SAKEROCKのことをじっくりと考える機会が訪れていた。『ロック画報』のカクバリズム特集で、SAKEROCKの項目はすべてぼくが書くことになった。もちろん解散したバンドなのでインタビューもない。すべてをぼくが書き下ろすことでまかなった。

過去に彼らについて書いてきた文章はたくさんあるし、さすがにもう書くことも残ってないかもと思っていたけど、いざ着手したら不思議なくらい筆が進んだ。もう彼らについてこうやってページが割かれることもあんまりないのかもと考えることはさびしくもあったけど、だったらなおさら今後SAKEROCKを知らない世代にとって、彼らがどんな存在だったのかわかるようにしたいと心がけた。

そのとき、SAKEROCKの総論として書いた文章がある。一気に書き上げたので、よしあしは自分ではわからないけど、いろんな人によかったと声をかけてもらった一文だった。その最後をぼくはこう結んでいた。

〜「日常をエキゾ化させる」という表現がceroやVIDEOTAPEMUSICに対して使われるとき、その道案内がSAKEROCKによってなされていたことを思う。片想いのライヴを泣き笑いしながら見ていると、ときどき「ＭＵＤＡの中にすべてがある。」というキャッチコピーを思い出す。満員の観客でぶち上がるライヴの隅っこで、ひとりで来て、自分の楽しみ方で音楽を聴き、踊っている人を見つけると、そこにもSAKEROCKを今も発見する。

〜『ロック画報』28号、カクバリズム特集より

この年の1曲は、PACIFIC 231「SORA NO KOTOZUTE」にする。SAKEROCKについて書いていたとき、ぼくもなんらかの空からのことづてを感じて書いたような気がしていたからだ。

平成30（2018）年　昔は「なつかしい」がきらいだった

ザ・ビーチ・ボーイズ「イン・ザ・バック・オブ・マイ・マインド」

　1月は、うれしいニュースで幕を開けた。『コイズミクロニクル』が『レコード・コレクターズ』誌上で毎年選ばれているジャンル別リイシュー・アルバム・ベストの「歌謡曲／芸能」部門で1位に選ばれたのだ。選者は鈴木啓之さん。

　これは本当にうれしかった。ベスト盤としてのコンセプトのよさが評価されてのことだけど、読み物の部分にも触れてもらっていたし、自分がかかわった作品がこういうかたちで何かの1位を獲ったのは初めてだったから。

　この1月は思いがけずあちこちに行くことになった。まず台北で細野晴臣さんのワンマン・ライヴ。続いてソウルの「空中キャンプ」でVIDEOTAPEMUSICとエマーソン北村、さらにハワイで友人の結婚式、そこから移動してニューヨークでのジョナサン・リッチマン（と買付）。

台北で満員の観客に迎えられ、上機嫌で演奏する細野さんの姿を見るのはうれしいものだった。ソウルでは空中キャンプでのライヴ本編や、現場の熱気もおもしろかったけど、たまたま日本からＤＪしに来ていた知り合いを訪ねて行ったソウル市内のクラブ「新都市」で、ピッチをいくぶんあげた山下達郎の「Funky Flushin'」で日本人も韓国人も爆踊りしている光景は強烈だった。台北のほうがいろんな意味で穏やかだったけど、ソウルのゴツゴツとした空気のほうがぼくにはむしろしっくりきた。

ニューヨークではケルンで知り合ったジャスティン、日本の音楽に興味を持ちビデオくんにインタビューをオファーしていたマイキー、そして、日本からアメリカに移り住んでいまはブルックリンで暮らす唐木元さんに会った。

ジャスティンは坂本慎太郎さんのＵＳ盤『できれば愛を』や、ゆらゆら帝国のアナログをリリースしているMesh-keyレコードの主宰者で、日本に数年間住んでいたこともあって読み書きもしゃべりも完璧。たぶん、ぼくの知っているアメリカ人のなかでいちばん日本語がうまい。マイキーとはジョナサンのライヴが行われるブルックリンのライヴハウスのバーですこし話した。唐木さんとは軽く飲むつもりが朝まで……。肝心のジョナサンのライヴは相変わらずてらいのないすばらしいもので、今年の後半に新作が出るよとレーベルの人に教わった。

いまのジョナサンを日本のファンにもまた見てもらいたいと思うけど、それはなかなか難しそうだ。じつはここ数年、彼はヨーロッパにすら出向いていない。近年はアメリカ国内をひたすら車で移動してツアーを続けているのだという（相棒のドラマー、トミー・ラーキンスとはもう25年一緒にいる）。

とりわけニューヨークやボストンでは多くのファンに追いかけられてしまうので、ライヴが終わってもさっと帰ってしまうジョナサン。舞台上からぼくを見つけて、うれしそうな顔をしてくれたのはわかった。それだけで十分です。

それにしても、17年のケルンから移動という熱病にうなされたかのように、18年はあちこちに行った。環境の変化が視点にもたらすものは大きい。まるで麻薬だ。

台北、ソウル、ハワイ、ニューヨーク、深圳《シンセン》、アムステルダム、ユトレヒト、ブリュッセル、ロンドン、アカプルコ、LA、ワシントンDC、京都、名古屋、大阪、神戸、高松、高知、広島、長崎、福岡、熊本……まだあるかもしれない。

そのすべての都市で、ブライアン・ウィルソン自伝の翻訳仕事も進めていた。編集者には原稿だけでなく、世界中から「遅れてすいません」メールを送った。

5月にはceroの新作『POLY LIFE MULTI SOUL』が発売された。レコーディングにもおじゃまして、緻密かつアクティヴな新作ができあがっていく様子に付き合った。

アルバム発売を皮切りとした全国ツアー初日の広島公演は『Quick Japan』の特集の取

材で行くことになり、その流れで九州での福岡、長崎公演まで帯同することを決めた。3年前の『Obscure Ride』ツアーから比べると、女性メンバーがふたりサポートで加わったことで男所帯ならではの部室感はやや薄まった気はしたけど、その分、リハなどで時間をかけて行われる音楽的な修正や更新にはハッとするものがあった。

この夏は、ひょんなことからフジロックに三日連続で行くことになった。ちょくちょく来てはいるものの、三日間朝から晩まで苗場にいたのは初めてのこと。

苗場プリンスホテルの駐車場から見えた不思議なかたちのマンションを撮って「エッシャー・マンション」と名付けてツイートしたら、1万7千RT、4万6千いいねという記録をちょうだいした。「おまえ、本当に音楽ライターかよ」と友人には笑われたけど。

9月、坂本慎太郎中国ツアー初日の深圳に。香港から電車移動で行ける街なので、経費は安上がりだが、1泊3日の弾丸ツアーになった。

中国の観客はネット世代の若い人ばかり。日本での客層の中心である30~40代の姿はほとんど見えない。その世代は中国以外の音楽の享受が制限されていた時代に育っているので、興味を持って足を運んだりしにくいのかもしれない。

中国では坂本さんが音楽を担当したドラマ『まほろ駅前番外地』が放映されて大人気だったということで、「悲しみのない世界」に思いがけず大きな歓声があがっていた。それから、興奮すると両手をあげたり歓声をあげるかわりに、彼らはスマホを掲げ動画を撮る。

その静かな興奮も、眺めとしてはとても興味深いものだった。

それから、坂本さんの海外公演でいえば、この年は情けない話もあった。11月に坂本さんが出演するユトレヒトのフェスを見に行ったあとのアムステルダムで、人生初のスリに遭ってしまったのだ。財布ごとクレジットカードもキャッシュカードもすべて失った。

さいわい、パスポートと、別に封筒に入れていたわずかな現金（日本円と英ポンド）は無事だったし、旅も最終日を残すのみだった。だけど、買付したレコードを日本に郵便で送らないといけない難題があった。クレジットカードで送料を払うつもりだったのだ。現金だと足りないかもしれない。レートを計算してみたら、銀行まで行って円とポンドを両替すればぎりぎり足りるか足りないか。

その両替のチャンスに賭けるため、銀行まで片道30分ほど歩いた。トラムのパスもスラれていた。朝のアムステルダムの街は、しゃれた人たちが楽しそうに歩き、自転車が颯爽と駆け抜けてゆく。そのなかを一文無しのぼくが白い息を吐きながら歩く姿は自分でもこっけいで、「ふはっ」と笑い声が出た。この救いのない感じ、身に覚えがある。

30年前、ニューヨークのホテルで現金をなくして途方に暮れた。その後、借金もして、生活費も底をついて、高田馬場の街を学生ローンまで歩いて行った。

20年前にも帰省の費用を工面するため、高利貸しの入っている新宿のビルまで歩いていった。

50歳になって、それなりに食えるようになったけど、やっぱりこれか。結局、この人生は変わらないのか。ゴッホ美術館の裏にある広い公園を斜めに横切る歩道で、むなしさに負けて思わず声をあげそうになった。

だけど、なんとかなってもきた人生だよな。

そんな強気と弱気を行ったり来たりしてるうちに銀行についた。果たして両替は……、足りた。レコードを日本に送っても10ユーロくらいは余る。やった！　ご飯も食べられるかも。

窓口のおばちゃんに親指を立てて喜びを伝えたら、へんな顔をしていた。万が一のことがあるといけないので、帰りもトラムには乗らず歩いた。しかし、足取りは軽い。

さらに今度は12月の坂本慎太郎アカプルコ公演での出来事。

LAからメキシコシティに着いて、アカプルコまで乗り換える段取りだったのに、なんと搭乗時間を勘違いして乗り過ごし！

「なんとかならないか」と交渉したら、アエロメヒコの係員に相談せよとのこと。係員に泣きつくと、「明日の朝の便に振り替えられるよ。日本円で11万円」とおっしゃる。そんなお金はとても払えない。

「じゃあ、バスで行けば？」

外務省の注意事項で、アカプルコ行きのバスはぜったいに乗るなというような表記があったはず……。でも、背に腹は代えられないので、バスを選択した。アカプルコまでノンストップで5時間。日本円にして4千円ほど。11万円よりはるかに安いが、その分、身の危険はある。でも、結果的には選んだバスがよかった。4千円という価格は現地では高級バスにあたっていたらしい。

しかし、バスがアカプルコに着いたのは真夜中。ここからが問題だった。

本来の目的地である空港からアカプルコで泊まる予定のホテルまではタクシーで10分ほど。しかし、ぼくが到着するバス・ターミナルはどうやら世界有数の危険地域とされるアカプルコ市街地のはずれに着くらしい。おそるおそる降りてみると、ターミナル以外あたりは真っ暗。目が慣れてくるとゲットー感がまざまざと増してきて、おそろしかった。

タクシーも停まっているけど、窓がないやつとか、助手席にあらかじめ女性が乗っているのとか、ロシアンルーレット並みの危険度しか感じない。ちなみに、街が危険すぎてアカプルコにはＵｂｅｒもＬｙｆｔもない。

困り果てて立ち尽くしていたら、英語で話しかけてくれた男女がいた。

「困ってるのかい？　ぼくらの友達が迎えに来てくれるんだけど、一緒に乗らない？　そのホテルまでなら送ってあげられる」

地獄に仏！　アカプルコに親切な人！　と思ったが、まだ油断はできない。車に乗せてもらって、片言の英語でいろいろ話しかけてくれるんだけど、この人たちが本当にいい人かどうかはまだ信じきれずにいた。やがて車は山のほうへ向かっていく。

「ああ、やっぱりこのあたりで降ろされて、身ぐるみはがされるとか……？」

そのとき車が急停車した。

「ここで殺される！」

心臓がばくばくして、思わずちいさく声が出た。彼はやさしくこう言った。

「おい、見なよ。夜景がきれいだ」

しばらくして車はホテルに着いた。ぼくが泊まるホテルとフェス会場は、市街地から山を越えて完全に隔離されたビーチに面していた。彼らは本当に親切な人たちで、結局、帰りの日も空港まで送ってくれた。

ところが今度は、「おまえは途中でバスに乗ったから、ＬＡまで帰るこの航空券は無効」というすったもんだがはじまる。そのくだりはもう書かなくていいか。結果的にはなんとかなった。メキシコシティに着く便も遅れて、ＬＡ便をまたしても乗り過ごしたけど、今度はぼくの責任じゃないということでアエロメヒコがホテルを手配してくれた。

泊まるはずもなかったメキシコシティのホテルには、大きなバスタブがあった。でも、湯を溜めるための栓がない。なので、手でお湯が漏れるのをふさいで風呂に浸かり、大きくため息をついた。

この人生、あやうかったけど、なんとかなってきた。なんともならなかったことより、なんとかなってきたことのほうがちょっとだけ多いんじゃないかと思う。

メキシコで「なんとかなるだろ」で押し通せたのはアムステルダムでスリにあった経験が大きかった気もする。いや、振り返れば、もっと昔からの経験がへんな度胸をぼくにくれたのかもしれない。

この先、ぼくはまた自分のうかつさできっとピンチになるだろう。でも、きっとどうにかなるんだろう。余裕しゃくしゃくの人生にはまだほど遠い。だけど、２０１８年にもぼくはなんとか自分の足で立っている。それが、ぼくの人生の実感だった。

２０１８年の話で、どうしても書いておきたいことがある。

６月、ｃｅｒｏの大ファンでもある友人の石橋穂乃香さんが出演する大人計画の舞台『ニンゲン御破算』を見に行った。彼女は舞台のなかで何役も務めながら、最後の最後にはエンディングへの重要な導線を担う立場を演じていた。

ちょうど15年前に、彼女とおなじような設定で『ニンゲン御破産』（初演時は「産」だった）の舞台に起用された役者を、ぼくは知っていた。彼は、その舞台の合間を縫って、ぼくの働くハイファイ・レコード・ストアにSAKEROCKのCDを渡しに来た。

15年ぶりの再演で、彼とおなじような役回りでぼくの友人が起用されているなんてまったく知らなかった。そのぐうぜんを感じているのも、たぶん、おおぜいの観客のなかでぼくくらいだろう。

その数日後、スタッフが休憩に出かけ、ハイファイにぼくがひとりでいた時間だった。奥のドアが開いて、よく知っている顔がお店に入ってきた。その顔をぼくはすごくよく知っている。

彼は「シングル盤を買いたくなって、近くに来たから寄ってみました」と、まるでついこないだ会ったばかりの知り合いみたいに、ぼくに話しかけた。

「元気そうじゃん」

彼と話すのは、3年ぶりだったかな。3年ぶりに交わした会話なのに、まるでそんな感じがしない。

「こないだ穂乃香ちゃんの舞台を見に行ったらさ」とぼくは言葉を続けた。

それを聞いて彼はおもしろいぐうぜんだなというように笑った。

お店にいたのは15分くらいだったかな。５枚ほどのシングル盤を買った。

「じゃ、また」

そう言って送り出したけど、この「また」はいつなんだろう？　案外すぐかもしれないし、遠い将来かもしれない。でも、そのときもまたこんなふうにしゃべれたらいい。ぼくの人生なら、きっとそうなる気もする。

12月にようやくブライアン・ウィルソン自伝の入稿をした。いつものように予定よりはかなり遅れてしまったけど、ひとまずは胸をなでおろした。

この本を読んでもらえたらよかったのにと思う大学時代の友人がいた。

彼が築地のがんセンターに入院し、じつはもう余命いくばくもないと聞いたのは５月のことだった。前年、一度は状態がよくなって退院のお祝いに同級生が集まったのだが、その後ほどなく再発したとのことだった。

暑苦しいところもすこしあったけど、気のおけないやつだった。茅ヶ崎生まれで、サザンオールスターズの大変なファンだということは知っていたけど、あるときビーチ・ボーイズも好きだということを聞いた。

『エンドレス・サマー』が好きなんだよねと、彼は言っていた。

それを聞いて、当時の、ガチガチのレコード屋マインドだったぼくは「えー！　あんなの70年代に出た普通のベスト盤で、ジャケもダサいじゃん」みたいなことを思った（口に出して言ってたかもしれない）。この時期、ビーチ・ボーイズ再評価がすでに起きていて、ベスト盤を筆頭にあげるのは、ぼくらのしょうもないマニア頭では「あってはならないこと」だったのだ。

だが、そのベスト盤は、70年代半ばに全米1位となり、当時アメリカで不遇だった時期のビーチ・ボーイズの人気復活を担った作品でもある。

内容は青春のきらめきに満ちている。完璧なきらめきがあるからこそ、そこにすこしだけ見え隠れするゆらめきや恥じらいが活きるのだ。当時のぼくはそんなこともわからずに彼を小馬鹿にしたような顔をしていたんだと思い出して、いたたまれない気持ちになった。

お見舞いは『エンドレス・サマー』のCDにしよう、と思った。たぶん、病室にCDラジカセくらいはあるんじゃないかな。

立ち寄ったCDショップではたまたま『エンドレス・サマー』は品切れだった。結局、本意ではなかったけど、最新の公式ベスト盤を買った。

病室に着くと、彼はベッドに横たわっていたが、目を覚ましていた。げっそりとやせ、髪もずいぶん抜けていたけど、「松永にこんな姿見せるなんて恥ずかしい」と笑った。その言葉には思っていたより力があった。ビーチ・ボーイズのベスト盤を渡したら、「ああー、ありがとう」と言ってくれた。あとで聞いたら、この時期、彼の緩和ケアはかなり末期に入っていて、はっきりと受け答えができる時間はめずらしいものだったらしい。

ベッドの脇には、メッセージを書くノートが置かれていた。メールもSNSもない時代、サークルで連絡用に使われていた「出店ノート」を模したものだった。ページをひらくと彼を知る同級生や先輩後輩たちのメッセージがびっしりと書かれていた。

ぼくは彼とビーチ・ボーイズへの思い出を1ページほど書いて、病院を出た。あとで本人が読んでくれるかもしれない。

それから1週間もしないうちに、彼の訃報が届いた。

おおげさなお葬式は行わず、自宅で弔問を受けることでお別れとするという連絡を受けた。よく晴れた日曜日の午後、茅ヶ崎まで出かけた。

最後に会ってからわずかな時間で、彼の顔はさらに肉が落ち窪んだ印象だった。ああ、肉体から魂が抜けてしまうってこういうことなんだと思った。

「松永にこんな姿見せるなんて恥ずかしい」

天井あたりから彼の照れ笑いした声が聞こえた気がしたけど。

『エンドレス・サマー』というベスト盤は「サーフィン・サファリ」ではじまり、「オール・サマー・ロング」で終わる。あとで知ったが、CDヴァージョンでは最後にボーナス・トラックとして「グッド・ヴァイブレーション」が入っているそうだ。

なんてよけいなことを。

「グッド・ヴァイブレーション」は革命的にすごい曲だけど、あのベスト盤は「オール・サマー・ロング」で終わることこそが完璧だろう。80年代、彼はその選曲でLPレコードを聴いていたはずだ。ぼくがあのときCD版の『エンドレス・サマー』を見つけられなかったのは、きっと正解だったのだ。世の中には、見つけられないほうがよいこともある。

そんなことを自分に言い聞かせながら、茅ケ崎駅まで夏の暑い道をぼくは歩いて帰った。


昔、トム・アルドリーノと、ビーチ・ボーイズの曲でどれがいちばん好きかを言い合ったことがある。トムは「好きな曲が多すぎて、すぐには決められないな」とうなっていた。ぼくは「『イン・ザ・バック・オブ・マイ・マインド』は好き?」と聞いてみた。『ザ・ビーチ・ボーイズ・トゥデイ』に入ってるデニス・ウィルソンが歌った曲だ。

「それ、いいね!」

トムはそう言って、シシシと笑った。

ブライアンの自伝を訳し終わるころ、あの曲のことをよく考えていた。なつかしい日々を思う、夏の夕暮れみたいな曲。

昔は「なつかしい」という言葉がきらいだった。でも、振り返ることもそんなにわるくないんじゃないかと最近は思ってる。思い出すことでよみがえることもあって、生き返る人もいて、彼らが記憶の向こうからうるさく言ってくることもあるけど、それもまたぼくにとってたいせつな頭のなかのにぎわいだった。

平成31（2019）年　平成最後の日

パパ・ウェンバ「ジュンシー」

初めてニューヨークに来たのが1989年、すなわち平成元年。

そしていま、平成が終わる日（日本時間で）に、ぼくはニューヨークにいる。わざとそうしたんじゃない。ぐうぜんが重なっただけのこと。だけど、そのぐうぜんはいろんな意味をぼくに問いかける。

ここ数年で、ニューヨークからだんだん見かけなくなってきたもののひとつにイエローキャブがある。かつてはタクシーでなければ車じゃないと言わんばかりに一般車を押しのけて我が物顔でクラクションを鳴らしまくっていたものだけど、ここのところあのやかましい音もあんまり聞こえなくなっている。

UberやLyftといったサービスが浸透して、もはやタクシーに乗るのはめんどくさいことになっているのだろう。

1989年10月、初めてニューヨークのJFK空港に降り立って、右も左もわからないまま、「黄色いタクシーはとりあえず安全」と聞いた通りに乗り込んだ。

いまよりはるかに拙《つたな》かった自分の英語が通じるかどうかハラハラした。ところが、乗ったタクシーの運転手は強い訛りの残るインド人で、かなりカタコトな感じだった。ぼくも安心して「マンハッタンの××ホテルまで」と言ったら、「はー？」と聞き返された。通じてなかった。

それでもその運転手さんはとてもフレンドリーで、ブルックリンを抜けるあいだ、いろんな話をした。

「この英語でいけるなら、おれだってなんとかなるだろ」とだんだん思えてきて、ずいぶん自信になった。英語がうまく話せないあのインド人運転手が、ある意味、ぼくの英語の臨時教師になって「下手でもいいからもっとどんどんしゃべれよ」と背中を押してくれたのだ。だから、イエローキャブにも感謝してる。

Ｕｂｅｒの時代になっても、運転手と話す機会は多い。Ｕｂｅｒに日本語で登録しているので、運転手には漢字で「良平」と通知される。それが話のきっかけになる。たいていは「日本人か？　中国人か？　なんて読む？」みたいなこと。

昨日乗ったＵｂｅｒの運転手は黒人男性だった。

「日本人か？」とおきまりの質問。「そうだ」と答えた。すると「おれも日本人なんだよ」とまさかの答えが返ってきた。

話を聞くと、彼の父親が日系二世で、父方の祖父にあたる人物は第二次大戦前に日本から移民した世代だったという。しかし、祖父は彼が生まれる前に亡くなり、父も若くして世を去った。父もすでに日本語がしゃべれない世代だったらしく、家のなかにも日本とのつながりを示す痕跡はあまりなかった。Uberアプリに記された彼の名前にも日本名らしきものはない。

「ああ、そこに書いてあるのはミドルネームだよ。本当のラストネームはイシバシってぃう。友だちに聞いたけど、日本ではイシバシはずいぶん有名な名字らしいな。タイヤの会社があるだろ。ブリジストンって。その創業者がたしか、イシバシだったよな。おれとはなんの関係もないけど」

そう言って彼は軽く笑った。

日本での仕事を聞かれたので、ライターで、レコード屋もやっていて、いまはレコードの買付に来てると答えた。

「そうか、おれのママも音楽好きなんだよ。ママはアフリカのコンゴ出身なんだ。コンゴでいちばん有名なミュージシャンは知ってるかい？　残念ながらもう亡くなってしまったんだけど、パパ・ウェンバっていうんだ」

まさかのパパ・ウェンバ！　思いがけない展開。

パパ・ウェンバは80年代に日本でもワールド・ミュージックとして積極的に紹介されて

いたので、ぼくも知っている。そう答えると彼はとても喜んだ。日本で人気があったことも知っていた。

「パパ・ウェンバは日本にもライヴに行っただろう？　そのときに日本のミュージシャンとも交流して、何人かコンゴに来たはずさ」

だんだん話がノリノリになってきた。単に母親の母国の英雄としての認識というよりも、かなり詳しく知っている感じだ。

「じつは、おれの友だちがコンゴ出身の作曲家で、彼がおれの名前をつけた曲をパパ・ウェンバに提供したことがあるんだよ。そしたら本当にパパ・ウェンバがその曲をレコーディングしてくれた。ママはカンカンだったけど」

「え？　名誉な話なのにどうしてママは怒ったの？」

「ミュージシャンの暮らしはロクなものじゃないだろ？　家族を大事にしないし、生活も乱れる。おれがそういうわるい仲間とつるむんじゃないかと思って、ママは心配したのさ」

そう言って彼はまた笑った。

「まあ、いまおれはこうしてカタギで暮らしてるんだけどね」

「あなたの半分が日本人で、コンゴ人でもあって、たまたまニューヨークでぼくが車に乗って、パパ・ウェンバの話で盛り上がってるなんて。インターネットのいたずらかもしれないけど、すごくスペシャルだね」

そう伝えると、彼はすこし黙って、嚙みしめるように返事した。

「うん、すごくスペシャルだ。ありがとう」

そのうち、車はホテルに着いた。降りる前に彼に聞いた。

「あなたの名前のついたパパ・ウェンバの曲はYouTubeとかで聴けるの?」

彼は「うーん」とうなっていたけど、ぼくがトランクから荷物を降ろしているあいだにメモに走り書きしてくれた。

PAPA WEMBA & NOUVELLE ECRITURE
"1st ALBUM"

「はっきり覚えてないんだけど、たぶん、そんな名前だった。聴いてくれたらうれしいよ。いつか日本にも行きたい。親父も行ったことがなかった故郷に」

彼はそう言い残すと、次の現場へと車を走らせて去っていった。

ホテルの部屋に戻って、早速アルバムを検索した。どうやら彼の記憶はすこしあやふやで、正確には「Viva La Musica & Mzee Papa Wemba」がアーティスト表記で、アルバム名が『Nouvelle Ecriture』というらしい。１９９７年にＣＤのみで発売されている。

しかし、そこに彼の名前らしき曲名は見当たらない。『Nouvelle Ecriture』というタイトルがある作品は前後を調べてもこれしかないから、ここにあるはず。うそをついてるようには思えなかったけどなあ。

人の名前っぽいのは6曲目の「Jeancy」だろうか。もしかして、彼が普段は隠しているラストネームがイシバシであるように、ファーストネームにも日本語の名前があるのかもしれない。「ジュンシ」とか「ジュンジ」とか。

とりあえず、その曲「Jeancy」を聴いてみた。YouTubeを見たらＭＶもあった。ミドルテンポのアフロ・カリビアンふうで最高にノリがいい。

「ジュンシー」「ジュンシー」と曲のなかでもちゃんと歌われていた。

ぐうぜんＵｂｅｒで彼の車に乗り合わせていなければ、この曲をぼくが聴くことは一生なかっただろう。

結局、ぼくにはそういうことがおもしろいし、そういう音楽との出会い方が好きだ。ぐうぜんと運命はいつだって紙一重で、ひとひねりでひっくり返る。

まさか、この平成のソングブック連載の最後がパパ・ウェンバの曲になるなんて、昨日まで夢にも思っていなかったんだから。

あとがきにかえて

「松永さん、あれはいつ書くんですか？」

いまは令和元年、11月の夜。いい感じで酔いが回ったみっちゃんが聞いてきた。

みっちゃんとは、ｃｅｒｏのサポートをしているドラマーの光永渉くんのことだ。ぼくより何歳も下だけど、おなじ九州出身（彼は長崎、ぼくは熊本）ということも手伝ってか、なんだか気があうのでライヴ後によく一緒にお酒を飲む。そして、酔いが進むと必ずと言っていいほど彼はぼくに訴えかける。「早くあれを書いてくれ」と。

「あれ」とは、２０１５年にぼくがｃｅｒｏの九州ツアーに同行したときのこと。あのとき彼に「いつか読み物にできたらいいね」みたいなことを言った。じっさい、そのツアーのライヴ以外でのハイライトのひとつだった長崎の稲佐山公園での出来事を、ぼくはその年に出たｃｅｒｏのＤＶＤ『obscures』のブックレットに書いた。

ところが、みっちゃんは「それはそれ」なのだと言う。彼が言う「あれ」は、もっと長い物語を指す。あの年ぼくらの周りに起きたこと、あの場で交わした他愛もない会話、感じていたけど言葉にならなかった思い、あのときぼくらがいたこと、過ぎてしまったはずの瞬間をかたちにして伝えてほしい。自分たちがいなくなった時代にそれを読む誰かに向けて……なんてことまで、みっちゃんが言うわけじゃないけど。

「1989年のことを書いてくれ」

みっちゃんに「あれを書いてくれ」と言われると、黒木に言われていることも連鎖的に思い出す。昭和が終わって平成がはじまったその年の春に僕らは知り合った。

黒木と住田と立ち上げた雑誌『リズム&ペンシル』は1999年の1月に出した創刊号のジョナサン・リッチマン特集号以来、次が出ていない。今年（2019年）で20年が経ってしまった。黒木はテレビの仕事で相変わらず忙しく、住田はパチプロを経てパチンコ雑誌の編集にかかわるようになり、さらにパチンコ・タレントに転身し、いまは芸名でヒロシ・ヤングと名乗り、全国のあちこちを飛び回っている。

お互いの多忙もあってしばらく会わない時期もあったけど、最近、この3人はよく一緒になる。ひょんなことから、ぼくらは京都にあるライヴハウス磔磔《たくたく》のドキュメンタリー映画製作にかかわることになり、ここしばらくまた3人でいろいろとやっているのだった。

その打ち合わせで会っているときにも、1989年の話を書いてよと何度か言われた。不思議なもので何度もおなじことを言われていると、日常のなかでも「いま感じたことは1989年と関係あるんじゃないか？」と意識してしまうことがある。2019年の元旦、ふと1989年からはじまる平成の話を書こうと思い立ったのも、あれから30年という節目を意識してしまったからかもね。

タイトルは、本来なら「少年ヘルプレス・ソングブック」でも、「リズム&ペンシル・ソングブック」でもよかった。だけど、そうしなかった。

初めてニューヨークに行ったのが１９８９年。それから10年経って１９９９年にニューヨークに着いたとき、自分でも驚くほど土地鑑が残っていた。それは10年前に毎日飽きるほどマンハッタンのあちこちを歩いていたから。大通りも知らない道もどんどん歩いた。歩いて覚えたことは忘れないというぼくの経験則は、たぶん、そのときに作られた。

自分の足腰を支えているものが大事。文章を書くことについてもそれは言える。野球選手の素振りやキャッチボールと一緒で、毎日何かを書き続けることはやっぱり役に立つ。疲れきっていても、眠くても、一文無しでも、心が興奮で踊っていても、泣いていても、どんなときでも心の足腰がしゃんとしてれば言葉を先に運んでくれる。そして、結局その足腰を守り、外に出かける自分を支えてくれるのは、パンツや靴下や靴だ。

もうひとつ言えば、自分のなかで鳴ってるメロディや、自分から出てきた言葉だけで満足して生きられるのなら、人はレコードなんか買わないし、本だって１冊も読まなくてもいい。でも、ぼくは過去や現在からの影響なしではここまで生きられなかった。その呼び名が、カルチャーか、サブカルチャーか、なんてマジでどうでもいい。いいものもクソみたいなものもあって当然。だって、すべての文化は、結局は外の世界からの自分に対する余計なおせっかいだから。ぼくはそんな偉大なるおせっかいを真に受けたし、翻弄もされてきた。だけど、こうして自分の足で立って歩いて、どうにかこうにか生き伸びてきた。これからもそうでありますように。

だから、ぼくにおもてを歩かせてくれるパンツとソックスとシューズは大事。ぼくを支えて、ぼくの心を歌い踊らせてくれた存在はすべて大事。

ｎｏｔｅでの連載中、さらにはこの本への加筆部分でぼくが書いたすべての人たちに感謝してます。表紙イラストの坂本慎太郎さん、装丁の平野甲賀さん、本の帯にコメントをくれた小泉今日子さんには、最高のお化粧をしていただきました。そして、「本にしませんか」と声をかけてくれた林さやかさんからの鼓舞がなければ、この本がギリギリ平成の余韻が残る２０１９年のうちに出ることはなかったと思います。

最後に。「おまえの半生が本に？」と笑われるかもしれないけど、両親と兄弟と亡くなった従姉に、この本を。

２０１９年11月21日

松永良平

JONATHAN
GOES COUNTRY

著者について

松永良平（まつなが・りょうへい）
1968年、熊本県生まれ。大学時代よりレコード店勤務、大学卒業後、友人たちと立ち上げた音楽雑誌『リズム＆ペンシル』がきっかけで執筆活動を開始。現在もレコード店勤務のかたわら、雑誌／ウェブを中心に記事執筆、インタビュー、ライナーノーツ執筆などを行う。著書に『20世紀グレーテスト・ヒッツ』（音楽出版社）、『コイズミシングル』（小泉今日子ベスト・アルバム『コイズミクロニクル』付属本）、編著『音楽マンガガイドブック』（DU BOOKS）、編集を担当した書籍に中川五郎・永井宏『友人のような音楽』（アスペクト）、朝妻一郎『ヒットこそすべて』（白夜書房）、小野瀬雅生『ギタリスト大喰らい』（P-Vine Books）、『ロック画報／カクバリズム特集号』（P-Vine Books）など。また、翻訳書にテリー・サザーン『レッド・ダート・マリファナ』（国書刊行会）、ブライアン・ウィルソン『ブライアン・ウィルソン自伝』（DU BOOKS）がある。

ぼくの平成《へいせい》パンツ・ソックス・シューズ・ソングブック

二〇一九年一二月二〇日初版

著者　松永良平
発行者　株式会社晶文社
東京都千代田区神田神保町一—一一　〒一〇一—〇〇五一
電話（〇三）三五一八-四九四〇（代表）・四九四二（編集）
URL http://www.shobunsha.co.jp
印刷・製本　中央精版印刷株式会社
DTP　株式会社キャップス

ISBN978-4-7949-7165-4　Printed in Japan